Tú Serás mi Reina

TÚ SERÁS MI REINA

Letizia Ortiz, una periodista camino del Trono

Ángela Portero
Paloma García-Pelayo

Espejo de Tinta

Primera edición: 1 de diciembre 2003

Ediciones Espejo de Tinta
C/ Martínez Corrochano, nº 3, 2º - 28007-Madrid
Teléfono: 91 433 57 52 – Fax: 91 501 39 72
e-mail: laberinto@edicioneslaberinto.es
www.edicioneslaberinto.es

ISBN: 84-96280-01-2
Depósito Legal: M-52025-2003

Imprime: MILEGRAF S.L. Humanes (Madrid)
Encuadernación: Méndez
Printed in Spain - Impreso en España

A Letizia,
como dijo el poeta,
se hace camino al andar.

A todos nuestros compañeros de las agencias de noticias, periódicos, radios y cadenas de televisión, por sus testimonios que ayudaron a esclarecer cómo vivieron en los diferentes ámbitos periodísticos el nacimiento y desarrollo de la noticia que ocupa nuestro libro y que no enumeramos ni damos sus nombres porque las fuentes son "siempre sagradas".

Y a otros, que demostraron ser grandes periodistas y además, amigos compartiendo con nosotras mucho más que información.

A nuestros hijos, a nuestros maridos y todos nuestros familiares más cercanos, a los que abandonamos un poquito y soportaron nuestro encierro y nuestra dedicación exclusiva a esta historia.

A Rafael Manzano, que nos disparó la adrenalina en pleno puente de Todos los Santos y que nos regaló la pista de la noticia «real».

A nuestros editores, que con su entusiasmo nos animaron día a día y creyeron en nosotras.

Y a todos los que hacen posible Korpa, sin los que no hubiéramos podido escribir este libro.

Gracias.

Índice

INTRODUCCIÓN

En la excepcional entrevista que realizó la periodista Pilar Urbano a la Reina Sofía de España a finales de 1996 y que vería la luz en 1997, con la publicación de su libro *La Reina,* contestaba la soberana a una comprometida y difícil pregunta. Con una franqueza no exenta de prudencia, la madre del Heredero opinaba sobre el dilema que tanto afectaría a su hijo y a los españoles, aun cuando en ese momento, ni siquiera el Príncipe se planteaba el matrimonio:

¿Es difícil aconsejar a los hijos sobre con quién se han de casar?

«Yo, como madre, quisiera evitar que mis hijos sufrieran, se llevaran desilusiones, tuvieran disgustos, fracasos, chascos, al encontrarse con que el mundo no es perfecto y las personas fallan... Me gustaría, claro, que ellos no padecieran nada de eso. Pero es una utopía. La vida tienen que disfrutarla y sufrirla ellos por sí mismos: ¡es su vida! Igual que yo he vivido la mía en primera persona. ¿Casarse con la cabeza? ¿Casarse con el corazón? ¿Y por qué ese dilema? ¡Con la cabeza y con el corazón!»

¿Y si hay un hijo que...?

«Si hay un hijo que... se quiere casar con quien no le conviene, con quien no debe ser, haces lo que sea por evitarlo. ¿Consejos? ¡Todos los del mundo! Pero, si no hay manera, si no atienden a razones, ¿qué vas a hacer? Pues acoger a la nuera, o al yerno, en tu familia. Y tratar de ayudarles a que el matrimonio funcione. Las bodas pertenecen a las vidas propias de los hijos. Son ellos los que eligen, son ellos los que deciden... Ahí, ni los padres ni nadie podemos forzar. Si entramos, lo estropeamos.»

Pero la Reina si entró. Se plantó cuando su hijo la sorprendió un cinco de octubre de 2003 anunciando que quería casarse con Letizia Ortiz Rocasolano, una joven e inteligente periodista que le había presentado apenas tres semanas antes. El problema de la elección de su «pequeño» radicaba en que la presentadora de televisión, había estado casada con anterioridad, era la primera mujer divorciada que pasaría a la Historia como consorte de un Príncipe Heredero. «Una Reina no puede tener pasado», en las célebres palabras de su suegro, Don Juan de Borbón, el Rey que nunca reinó, Doña Sofía creía a pies juntillas.

Sofía de Grecia, Reina de España, conocía mejor que nadie la fragilidad de las Monarquías; había sufrido el exilio siendo muy joven cuando su padre, el Rey Pablo de Grecia fue expulsado del país tras una revuelta. Volvió a Grecia como princesa pero nuevamente y ya siendo Rey su hermano Constantino, tuvieron que abandonar el país al ser abolida la Corona griega. A Pilar Urbano le confesó sus inquietudes y sus miedos: las monarquías no se acaban por los golpes de estado, los derrocamientos o los exilios, porque se pueden restaurar; las monarquías se acaban cuando hay escándalo. La periodista insistió cuando le habló de la moral regia: *«¿cómo regia, si la moral es la misma para todos los seres humanos? Y su majestad respondió: Me refiero a que la dignidad de la realeza nos obliga a ser ejemplares*».

La boda del Príncipe Felipe es un asunto público y de interés nacional pero a la vez, es algo tan íntimo y privado, que estos antagónicos conceptos parecen casi irreconciliables. En este espinoso asunto, expuesto constantemente a debate público, se resume la pugna entre el derecho de cualquier individuo, y el Príncipe lo es, a contraer matrimonio libremente y el deber que, como Heredero de la Corona, tiene que su elección cumpla con unos indefinibles postulados de idoneidad. La acertada reflexión de la Reina Sofía que expone el dilema entre el corazón y la cabeza, los sentimientos y la razón, sigue vigente incluso ahora que Don Felipe de Borbón y Grecia se casa el 22 de mayo de 2003 con Doña Letizia Ortiz Rocasolano, una periodista asturiana de 31 años, divorciada.

No es objeto de este libro debatir sobre tan elevadas cuestiones, sino precisamente, desvelar los acontecimientos que provocaron que el propio Heredero, en esta ocasión evitara tan manido debate público. Don Felipe ya había advertido en varias ocasiones que no se sentía obligado a contraer matrimonio con una mujer de sangre real. Pero las difíciles circunstancias que siempre rodearon sus anteriores relaciones sentimentales, vigiladas, censuradas, y finalmente, desarticuladas por la prensa y la opinión pública, le llevaron a plantear una compleja estrategia contra el «cuarto poder», una cruzada de la que saldría victorioso tras su alianza con Letizia Ortiz, una periodista camino del Trono.

Tu serás mi Reina, es un relato en tiempo real de la epopeya que conmocionó a España, de la sorprendente transformación de un rumor en la noticia más esperada de los últimos años y de cómo vivió la prensa especializada el anuncio oficial que convirtió a Letizia Ortiz en Princesa de Asturias.

El antecedente que propició la sorprendente reacción del Heredero de la Corona Española, tuvo nombre de mujer: Eva, como la primera mujer, expulsada del Paraíso. Año y medio después de la ruptura oficial de la relación más larga, intensa y polémica de Don Felipe, el príncipe renuncia definitivamente a Eva Sannum. Tras la resignación y tristeza que le supuso el sacrificio impuesto por la Corona, Don Felipe aprende la lección: ninguna mujer de la que pueda enamorarse superará la prueba de someterse al juicio de la opinión pública, *«esto no volverá a ocurrir, no volveré a someter a nadie a semejante presión mediática»* dijo el Príncipe a su entorno más cercano.

La prensa especializada y los cronistas de los programas de «corazón», que ocupan muchas horas de televisión en España, fueron los *culpables* de la ruptura de la relación de Don Felipe y la modelo noruega. El Heredero está convencido de que tiene que vencer a los medios de comunicación si pretende que el pueblo español acepte una decisión basada en el amor, algo a lo que no está dispuesto a renunciar bajo ningún concepto.

A principios del año 2002, tras anunciar oficialmente el fin de su noviazgo con Eva Sannum, el príncipe exige la cabeza de Fernando Almansa, el Jefe de la Casa del Rey encargado de transmitirle la oposición del Monarca a su boda con la modelo. Es en ese momento cuando se forja con dolor la rebelión del Príncipe de Asturias, que le llevaría a plantear un auténtico motín en palacio.

Año y medio más tarde, Don Felipe absolutamente enamorado de la bella Letizia y convencido de que ni su origen plebeyo ni su divorcio impedirán que su futura esposa sea una buena Reina, tomará con determinación las riendas de su propia vida y su felicidad, con un pulso sin precedente a la Corona y a la prensa. En la conjura del Príncipe contra todo lo establecido, contará con el apoyo y la ayuda de su Secretario, el diplomático Jaime Alfonsín, que tendrá un papel determinante en la vital decisión del Heredero de la Corona. Una lucha sin tregua que le llevaría a ser Soberano de su destino y a ganarse el respeto de todos cuantos le rodeaban.

En esta lucha titánica contra todos los poderes, el factor sorpresa jugará un papel determinante. Comienza así la *Operación Letizia,* una estudiada y compleja estrategia que convertiría a esta ovetense de 31 años en Princesa de Asturias en un tiempo récord. Apenas cinco meses –de junio a octubre– bastaron a Don Felipe para conseguirlo, exactamente el tiempo que tardó en descubrirse su historia de amor. La lucha, finalmente, empezará desde dentro, con el apoyo de una periodista Letizia Ortiz, una mujer que conoce y teme como nadie al cuarto poder.

Una cruzada de amor en la que hay dos fechas claves; el cinco de octubre de 2003, cuando Don Felipe le plantea a Don Juan Carlos I que Letizia es la elegida, dando inicio al Jaque a la Corona. El príncipe se encontrará con el frontal rechazo de los reyes lo que le llevaría incluso a amenazar con renunciar a sus derechos dinásticos antes que a su amor. Una semana más tarde, el Rey acepta el ultimátum de su hijo a costa del enorme disgusto y la resignación de Doña Sofía. *«Él es el Monarca, yo no. Él manda, yo no. Él toma decisiones de Estado, yo no. Pero la Corona somos los dos.» (Declaraciones de la Reina Sofía a Pilar Urbano).* El plante de la mujer a la que está unido por un indisoluble cordón umbilical, la Reina, será lo único que empañe la alegría de Don Felipe.

Y el 1 de noviembre de 2003, cuando el inesperado anuncio del compromiso nupcial del Heredero deja en jaque mate a la poderosa prensa que podía echar por tierra su sueño.

Y es precisamente en las horas inmediatamente anteriores a la emisión del comunicado de la Casa del Rey, cuando surgen los primeros rumores que apuntan a una presentadora de televisión rubia, cuando las redacciones de todos los medios de comunicación empiezan a reaccionar, de donde parte este relato en tiempo real. Una narración que sigue abierta, a la espera de nuevas informaciones.

Tú serás mi Reina trata de la decisión de un hombre enamorado a luchar por su amor y de las dificultades que encontró en su camino. Sólo su firme determinación y la pasión con que la llevó a cabo, haría posible una noticia que desconcertó al país y lo convirtió en una Monarquía moderna. Una historia de amor en la que ya no hay cuenta atrás.

Capítulo 1

TORRESPAÑA. SEDE DE LOS INFORMATIVOS DE TELEVISIÓN ESPAÑOLA. 31 DE OCTUBRE DE 2003

Madrid amanece. Las calles comienzan a llenarse de gente, de ruido y del humo de cada día. Faltaban algunos minutos para las diez de la mañana cuando recibimos una llamada reveladora: el periodista Rafael Manzano El Búho acaba de decir en su crónica confidencial en el programa Hoy por Hoy de Iñaki Gabilondo en la Cadena Ser que el Príncipe Felipe tiene novia. Su perfil: conocida, universitaria, profesional, española y de unos treinta años. Reaccionamos con rapidez. Varios equipos de la agencia se ponen en marcha. Ya conocíamos la noticia pero no disponíamos de documento gráfico alguno que probara ese romance: nos faltaba la foto. Había poco tiempo. El nombre, seguía siendo secreto. Algunos empezaron rápidamente a especular pero andaban realmente despistados. Tan a la vista de todos y tan difícil de imaginar. Las líneas adsl que nos conectaban con el infinito universo de Internet volaban con la información que requeríamos y manejábamos. Consultas, preguntas, verificaciones, llamadas... buscamos sin cesar el dato mágico: el domicilio de la novia. Cuando lo conseguimos, colocamos dos equipos de reporteros en los puntos informativos clave. Hay que conseguir imágenes de la chica y, por supuesto, declaraciones. Poco después, el periodista Jaime Peñafiel confirmaba en conversación telefónica con el programa matinal de María Teresa Campos en Tele 5 que el compromiso del Príncipe Felipe se anunciaría muy pronto. Nadie se había atrevido a dar el nombre pero Letizia Ortiz Rocasolano ya sabía que el tiempo se agotaba. En cualquier momento algún compañero podía confirmar su noviazgo con el Príncipe Felipe. Él se encontraba en Barcelona junto a su hermana la Infanta Doña Cristina que se recuperaba de una intervención de cirugía estética.

La periodista acaba de almorzar. Como la mayoría de los días, en casa de su madre. Un piso muy cercano a la redacción de los Servicios Informativos de Televisión Española (TVE) en Torrespaña. Pasaban las dos y media de la tarde. En el camino de vuelta al trabajo, la rubia presentadora se cruza con un Seat Ibiza de color azul marino. El automóvil va en la dirección contraria a la suya. Letizia llega por fin al *Pirulí*, nombre por el que se conoce a la altísima torre del Centro Nodal de Radio Televisión Española de la calle Sainz de Baranda de Madrid, al volante de su propio coche, un Audi recién estrenado. No hay ningún periodista en la puerta. Respiró hondo y trató de mantener la calma. Los reporteros del coche azul que se dirigían al domicilio de su madre lógicamente no la encontraron. Dieron la vuelta y pusieron rumbo al *Pirulí*. Esa noche la periodista presentaba de nuevo el Telediario Segunda Edición y debía entrar o salir de aquel edificio.

Letizia supo que había que tomar una decisión al respecto cuando nada más entrar en la redacción, María Oña, una de sus compañeras de mayor confianza, le espetó sin preámbulos: «Leti, ya sé quién es tu novio, todo encaja. Están diciendo que es guapa, presentadora de televisión... Eres tú». Ella alterada y sin saber muy bien qué hacer le dice: «Por favor Mary dí que se llama Juan y que es diplomático». Era inútil. La noticia corría ya como la pólvora y al final del explosivo reguero aparecería su imagen.

Los reporteros de la agencia de prensa Korpa, varios fotógrafos, un operador de cámara de televisión y una redactora, ya blindaban la puerta principal de los estudios de Torrespaña. El minutero seguía avanzando inexorablemente y la identidad de la novia misteriosa seguía silenciado. Sobre las cinco de la tarde, Terelu Campos en su programa *Con T de Tarde* de Telemadrid y la periodista Karmele Izaguirre, desde Euskal Telebista, ponían definitivamente nombre y apellidos a la novia del Príncipe. Inmediatamente, con una simultaneidad casi milagrosa, otros fotógrafos y periodistas se apostaban en la puerta principal de Torrespaña, al olor de la exclusiva. En el interior del edificio, el equipo de los Servicios Informativos no podía creer lo que estaba ocurriendo. Los nervios y el cuchicheo se apoderaban de la redacción. Letizia y sus compañeros revisaban, como cada tarde, las noticias más relevantes de la jornada. Cuando empezó a sentir como clavos las miradas furtivas de todos ellos, fue cuando realmente comprendió que aquello era imparable.

Entonces decidió acudir a la única persona que la comprendería. Tecleó el número secreto en su teléfono móvil, aquel que guardaba en su bolso para comunicarse exclusivamente con el Príncipe y la voz de Don Felipe al otro lado del pequeño auricular sedó en parte su agitado estado de nervios.

Letizia sabía que el momento que con tanto miedo, ilusión y respeto esperaba, había llegado y que su «chico» no le fallaría. Días antes se lo había demostrado, enfrentándose a sus padres los Reyes y proclamando su rebeldía ante todos los españoles, aunque los ciudadanos no alcanzaban a interpretar ese gesto en la comentada ausencia de Don Felipe a los actos de la Fiesta de las Fuerzas Armadas del 12 de octubre. Era el reto de un joven enamorado dispuesto a decidir su porvenir como hombre y como futuro Rey. Felipe ya había tomado la decisión y así se lo había comunicado a sus padres hacía apenas dos semanas:

«*Esto es lo que hay –les dijo– esto o lo dejo todo*». La biógrafa oficial de la reina Doña Sofía, la periodista Pilar Urbano, lo confirmaría días más tarde. Con estas palabras les confesaba a sus padres, tres semanas antes que al resto de los españoles, su amor por Letizia y que esta vez, nadie iba a decidir por él. Estaba convencido y decidido a cumplir con su palabra.

A las doce de la mañana del viernes 31 de octubre, el director de la revista *¡QUÉ ME DICES!*, Javier Huerta, llamó a Letizia para confirmar de sus labios, la noticia de su noviazgo con Don Felipe. Desde ese mismo momento, mantuvo la misma versión con todos los periodistas que la llamaron: «No soy la novia de Don Felipe, le conozco, pero nada más». Ella no podía confirmar la naturaleza de la relación que les unía.

Google, uno de los buscadores de la red más utilizados por los internautas, registraba, antes de que el nombre de Letizia Ortiz se convirtiera en el de la novia del Príncipe, sólo una decena de entradas . En su página Web aparecían noticias relacionadas con su trayectoria y su labor al frente del recién estrenado Telediario Segunda Edición. Entre ellas, un artículo publicado en el *Semanal Digital,* el 20 de agosto de 2003, llama poderosamente la atención de algunos periodistas. Según este semanario virtual hay en TVE gran expectación, y cierto malestar también, ante las pruebas realizadas ese verano por su director general, José Antonio Sánchez, que habían llevado a Letizia Ortiz y Juanjo Puigbó a presentar el Telediario Primera Edición. Según *El Semanal,* los profesionales de TVE que analizan la situación, alertan sobre el desgaste de su director de informativos, Alfredo Urdaci, «quien podría ser relevado al frente del informativo estelar de la cadena».

El nombre de Letizia suena para asumir la conducción del Telediario Primera o Segunda edición de Televisión Española. Las mismas fuentes, aseguran que «la audiencia ha recibido con alto grado de aceptación y credibilidad el cambio».

En la primera semana de septiembre, quince días después de la publicación de la «premonitoria» crónica televisiva, confirman a Letizia como la copresentadora del informativo más deseado de televisión española, compartiendo plano y protagonismo con su jefe, Alfredo Urdaci. El ascenso de la periodista y el que por primera vez se opte por un «tandem de presentadores» en la cadena es tan inusual que no pasará desapercibido por los cronistas especializados. Después de tantos años con la inamovible fórmula de un solo conductor en el telediario estrella de Televisión Española que presenta, además, el jefe de informativos, lo extraño es que nadie sospechara que detrás de Letizia Ortiz había algo más que un hipotético relevo.

El círculo de amigos y de profesionales de televisión que sabe que el Príncipe está totalmente enamorado de la periodista es todavía muy restringido. Sólo ha pasado un mes desde que afianzaran su relación durante un breve crucero por las cristalinas aguas de las Islas Baleares.

¿Resultó casual la incorporación de Letizia al telediario de máxima audiencia o fue parte de una operación destinada a convertirla en un rostro popular para los españoles?

Lo cierto, es que fuera como fuese, su recién adquirida titularidad en el telediario Segunda Edición saciaba sus ansías de reconocimiento y esa ambición que todos sus compañeros destacan de ella. Ocho semanas y cuarenta «telediarios» compartiendo protagonismo con Urdaci la colocaban en una privilegiada situación de fuerza en la cadena pública. Entraba a formar parte del restringido elenco conocido como «los ángeles de Urdaci». Pero algunos de sus compañeros sabían que el cambio había provocado un enorme malestar en el mandamás de informativos. Si Alfredo no la quería a su lado, ¿quién estaba detrás de la fulminante promoción de Letizia Ortiz en Televisión Española?

Si el ascenso de la reportera había llamado la atención de los cronistas especializados en televisión, dentro de la cadena se desataron multitud de hipótesis y Letizia no saldría muy bien parada de los comentarios que recorrían los pasillos. Quienes valoraban su capacidad de trabajo y superación la llamaban «la ambición rubia» y los que creían ver una mano que la impulsaba imparable al estrellato la apodaron *Ficticia*. Sus más acérrimos detractores recuperaron el mote por el que le conocían sus ex compañeros de CNN Plus, *Morticia*.

Aquel viernes 31 de octubre de 2003 sería el último día que Letizia Ortiz se colaría a través de la pequeña pantalla en los hogares de millones de españoles. A ella sí que le quedaba un telediario. Cincuenta y cuatro días después de su debut en la segunda edición del informativo, con 31 años recién cumplidos, dejaría su meteórica carrera periodística para convertirse en la protagonista de una de las más destacadas noticias del siglo.

En ese momento, tan sólo la cúpula de Televisión Española, el director general de la cadena, José Antonio Sánchez y el director de los Servicios Informativos, Alfredo Urdaci, sabe que ese sería su último día de trabajo como profesional de la información, lo que no dejaba de ser un gran sacrificio para una periodista vocacional como ella. Además de la pareja, el personal de la Casa del Rey y del Príncipe, así como un reducido grupo de amigos y familiares de la pareja son cómplices del secreto.

Cuando se despertara al día siguiente su vida sería otra y cambiaría por completo. Iniciaba un desconocido e inimaginable camino hacia el Trono. Paradojas de la vida, la presentadora del informativo más seguido por la audiencia guardaba para sí una de las noticias más esperadas en España. Que frustración profesional, que increíble conflicto de intereses. Letizia no podía dar la noticia de su próxima boda con el Príncipe de España.

A partir de ese momento intuía que sus mejores reportajes serían los que ya nunca podría realizar. Porque desde el mismo instante en que atravesara la Catedral de la Almudena, cogida del brazo de su príncipe, su visión despierta y cercana de la actualidad y sus más íntimas reflexiones serían secreto de alcoba. Dejaría su profesión como periodista, sus reflexiones no llegarían a millones de personas en forma de crónica, ya no habría nada que se pudiera redactar. En su camino hacia el Trono, tendría la oportunidad única de conocer a los grandes personajes del siglo XXI, observar en primera línea los conflictos que todavía nos deparará la Historia, pero todo cuanto vea y escuche desde su privilegiada atalaya pasará a formar parte del secreto profesional, pues el «silencio» es parte del guión de una Reina.

Ella, una luchadora y brillante periodista cuya vocación le había llevado a ser testigo de acontecimientos importantes de la Historia iba a convertirse en protagonista de ella. ¿Qué no verán sus ojos como futura esposa de quien está llamado a ser Felipe VI de España?

Letizia se maquilló como todas las tardes, alrededor de las siete y media. Muy natural, como siempre, con un *fond de teint* claro, una fina raya verde que potenciaba el color de sus ojos y un suave brillo rosa en sus labios. Le gustaba controlarlo todo. Sólo la base, fundamental en un buen maquillaje, y los ojos

eran patrimonio exclusivo de las profesionales de Televisión Española. Los labios se los pintaba siempre ella misma. Como cada tarde charlaría con ellas sobre los asuntos más intrascendentes de su vida. Ellas que conocían su físico como nadie ignoraban todo sobre su corazón. Sí descubrieron meses atrás un sospechoso brillo en sus ojos. Sin duda, era de felicidad. En la vida de Letizia había un hombre, un nuevo amor. Según la versión inventada por la guapa presentadora, su novio se llamaba Juan, era diplomático, viajaba mucho y era muy importante, por eso, les había dicho, no podía hablar más de él.
Letizia estaba nerviosa, su nombre ya había saltado a la palestra en los medios de comunicación y su teléfono móvil no dejaba de sonar. Contestó con normalidad a todas las llamadas, incluso a las de los periodistas que le preguntaban si mantenía una relación sentimental con Don Felipe. Lo negó repetidas veces a lo largo del día y su seguridad, así como la naturalidad con que atendía a todos, hicieron que muy pocos no dudaran de que se encontraban ante otra falsa novia del Príncipe, la tercera desde que se anunciara la ruptura de Don Felipe con la modelo noruega Eva Sannum. Antes que ella, la sevillana María León, la aristócrata Diana Martínez Bordiú y la alemana Cristinne habían compartido el honor de ser relacionadas sentimentalmente con el Heredero de la Corona.

Letizia vacila. Ese mismo día 31 llama llorosa a una íntima amiga de la cadena CNN Plus. Está confundida, nerviosa y agobiada: «No sé dónde me he metido. No voy a poder salir ni a tomar un vino».

Preocupada por su imagen, y esa tarde más que nunca, se dirigió a la sastrería para elegir vestuario. Optó como tenía por costumbre, por un traje de chaqueta de líneas depuradas y sencillo pero muy elegante. Ese *look* daba muy bien en pantalla. Debía aparecer impecable, serena y tranquila como si no tuviera que ver con *el asunto,* el gran asunto del día. Además de los habituales espectadores del telediario, que rondaban los cuatro millones de personas diariamente, estaba completamente segura de que esa tarde todos sus gestos serían analizados con lupa por sus compañeros de profesión.

Faltaban unos minutos para las nueve de la noche. En la pantalla de plasma del plató de informativos, el final del programa de crónica social «Gente» que dirige con éxito Alicia Santolaya y que deja una buena audiencia al Telediario Segunda Edición. Letizia leía los créditos e imaginaba que quizá al día siguiente ella protagonizaría la mayoría de informativos y programas rosas del país.

Le inquietaban especialmente los comentarios que pudieran verterse sobre ella en los programas de corazón. Consciente de que su vida y su familia se exponían a las críticas de los contertulios de los programas rosas y que, su pasado en el que su matrimonio civil con el escritor Alonso Guerrero podía resultar un pesado lastre, llamó a su ex marido para comunicarle personalmente la noticia. Le pidió discreción y absoluto silencio sobre la relación que mantuvieron durante ocho años. Le rogó también que retirase todas las fotografías y vídeos –en especial las imágenes del día de su boda– que tuviera con ella ya que podrían resultar muy atractivas para la prensa y muy comprometidas para la imagen de la futura Reina de España. No fue el único que recibió la llamada personal de Letizia; muchos de los amigos comunes de Almendralejo, incluido el alcalde Manuel Jesús Morán que los casó en 1998, fueron alertados sobre la prensa.

Otras muchas personas fueron alertadas en el mismo sentido, compañeros de trabajo, de facultad y amigos de la infancia, supieron por boca de Letizia que el Príncipe era su novio, que iban a casarse y que debían guardar silencio. Desde ese mismo momento empezó la operación «silenzio», con zeta de Letizia.

La llamada más dolorosa que Letizia realizó aquel día fue la que hizo a su ex novio, David Tejera, el presentador de Canal Plus, con quién había mantenido una relación sentimental de casi tres años y que había terminado hacía apenas unos meses. David estaba dolido, seguía enamorado de ella y descubría, perplejo, las razones del final de su historia de amor con Letizia. Se sintió utilizado y sorprendido; utilizado porque había sido la tapadera del romance real ante sus amigos y sorprendido, porque Letizia no fue capaz de decirle toda la verdad cuando aquel verano puso punto y final a la relación.

Con los nervios a flor de piel, escuchó la sintonía que marca el inicio del telediario. El regidor levantó la mano y marcó el inicio. El piloto rojo de la cámara se enciende, estamos en directo. Letizia se dirige a la cámara 2 que la enfoca. Sería la última vez que sintiese ese pellizco, esa subida de adrenalina inevitable para cualquier profesional de televisión. La noticia que abría el informativo era la decisión del Ejecutivo de llevar el polémico Plan Ibarretxe al Tribunal Constitucional. Pero ella tenía la cabeza en otro sitio. Continuó, con aplomo, con la primera detención por el crimen a la salida del instituto de un joven colombiano y con la llegada al puerto de Gibraltar de un barco con 400 pasajeros infectados por un virus intestinal. Fueron 30 minutos eternos. El informativo concluía con el espacio dedicado al tiempo.

Nada más acabar, Letizia se reunió con su jefe Urdaci para hablar en privado. La felicitó. Menudo temple. Había sido una edición cualquiera en la que ella siempre resultaba perfecta. Letizia le confirmó que se estaba preparando el anuncio del comunicado. El jefe de informativos intentó también mantener la calma. Se acercó a ella y la tranquilizó. Se convertiría en su mejor aliado en esos difíciles minutos. El Informativo había concluido y la carrera de Letizia también. Los servicios de seguridad habían advertido de la presencia de periodistas en la entrada principal del edificio. Urdaci no lo dudó y se ofreció a prestarle sus escoltas para abandonar, por la puerta trasera, el que ya nunca sería su lugar de trabajo y esquivar así a todos los compañeros que aguardaban su salida.

Urdaci se quedó solo y respiró aliviado aunque necesitó aún algunos minutos para recuperarse. Era verdaderamente una bomba: el compromiso se anunciaría al día siguiente. No podía perder ni un minuto. Reunió a su equipo para preparar los programas informativos de los próximos días. Exigió a todos discreción y que nadie hablara con el resto de colegas de Letizia Ortiz. Además, desde ese mismo momento, toda la información sobre la boda real sería patrimonio exclusivo de los informativos, los programas de contenido social de la cadena, *Gente, Corazón de…, Por la mañana, Corazón, corazón,* quedaban excluidos temporalmente de la información más importante del año.

Los documentalistas de Televisión Española ya tenían localizadas las imágenes que ilustrarían la noticia. A las tres de la tarde, cuando una productora del programa *Salsa Rosa* de Telecinco llama para comprar imágenes de Letizia Ortiz, no encuentra a nadie en el departamento comercial que gestiona el archivo audiovisual más importante del país. La ausencia de documentalistas a esa hora es normal, los funcionarios de televisión española que se ocupan de la venta de imágenes a terceros ya han acabado su turno. Tan sólo queda un empleado de guardia para atender las necesidades de imágenes de archivo de la casa.

El hecho de que ese viernes precisamente, con la noticia en la calle, nadie haya solicitado las valiosas imágenes de la «novia» del Príncipe, regala una dosis de tranquilidad en el enrarecido ambiente que se respira en el interior de Torrespaña, dónde sin duda se fraguó gran parte de la *Operación Letizia*.

Las imágenes sólo accesibles, hasta el momento, para el personal del Ente Público, deberían pasar un control de calidad en el que se decidirá cuales son convenientes y cuales no. Dado que la actividad de la periodista en su faceta de campo abarca, al menos, dos años y que ha cubierto noticias de todo tipo, política, internacional, cultural e incluso, informaciones de la Casa del Rey, es necesario realizar una selección pasando un apropiado filtro político y de imagen. No es que haya nada que ocultar pero hay que analizar qué imágenes y qué noticias son especialmente atractivas para asociar a la imagen de la futura Reina de España. Cualquier asesor de imagen conoce la importancia de los detalles: el asunto abordado en sus informaciones, el lugar de los hechos donde transcurre la noticia, el peinado de la periodista y hasta el vestuario elegido.

Un comité creado especialmente para la ocasión, revisa decenas de cintas con los reportajes firmados en el último año por la prometida del Príncipe. Letizia ha cubierto desde la Cabalgata de Reyes hasta las elecciones que enfrentaron a Bush y a Gore en las presidenciales norteamericanas. Presentó junto a Juanjo Puigbó el informativo matinal, de las siete y media de la mañana, y sustituyó en verano a Baltasar Magro al frente de *Informe Semanal* y a Ana Blanco, en la Primera Edición del Telediario. Por último, las imágenes más recientes que coinciden con su etapa triunfal como partenaire del jefe de informativos de la casa, Alfredo Urdaci, asumirán el mayor protagonismo.

Se decide que la cobertura del *Prestige*, por la que los informativos de TVE fueron galardonados con un premio TP en enero de 2003 era, pese a sus negativas connotaciones políticas para el Gobierno de Aznar, una noticia que no se podía obviar. Además de los inconvenientes, que estaban claros, el comité debía analizar las ventajas de rescatar la noticia. La imagen de la futura Reina de España ejerciendo su labor como periodista, asociada a la preocupación que provocó aquel devastador vertido en la sociedad y en la juventud española, era políticamente correcta. Nadie recordaría la cuestionada actuación del Gobierno en la crisis del *Prestige*, reemitiendo las imágenes de una bellísima Letizia caminando descalza por las playas gallegas teñidas de negro. Todos admirarían su valentía y su arrojo al trepar decidida por los escarpados acantilados de los *percebeiros* gallegos, con el traje blanco de los voluntarios, ese color que tan bien le sentaba y símbolo de la pureza. Las imágenes que captaban la mirada triste y la preocupación del rostro de la futura Reina, sobrevolando la Costa de la Muerte en helicóptero, además de ser impactantes, le acercaban como ninguna otra al corazón de los españoles que se movilizaron ante el desastre y para los que, tal vez, un día reinaría.

El devastador efecto de los vertidos del viejo petrolero se diluía en el propio mar ante la simple contemplación de la bella Letizia, en primera línea de la noticia. Por eso, y porque existían unos planos fantásticos de la reportera, grabados por una segunda cámara y que, por suerte, no habían sido reciclados, es decir, reutilizados para grabar otras imágenes, la cobertura del *Prestige* era fundamental. El segundo equipo de Televisión Española grabó, mientras preparaba sus entradillas, retocándose el maquillaje y coordinando el trabajo de sus compañeros. Había mucho material.

Junto a esas imágenes, se emitirían a continuación las del premio TP. Letizia se ganó a pulso el honor de recoger el galardón y asumió el papel protagonista sin olvidarse de agradecer la distinción en su nombre y en el de sus compañeros. En el escenario del Palacio de Congresos y con la gala retransmitida en directo por Antena 3, aquellas imágenes mostraban una mujer que, además de guapa y elegante, era reconocida a nivel profesional por sus propios compañeros.

En el año 2001 formó parte del equipo de apoyo que TVE envió a Nueva York tras los atentados del 11 de septiembre. Un año después, volvió al lugar de los hechos para cubrir el aniversario del ataque contra las Torres Gemelas. Además de las crónicas desde Nueva York, su presencia en Um Quasar, en abril de 2003, como enviada especial para informar sobre la misión de las Fuerzas Armadas Españolas en Irak, fueron también seleccionadas para los especiales que TVE preparó en menos de 24 horas con motivo del compromiso oficial del Príncipe y la Periodista. Especial protagonismo cobraron las únicas imágenes que existían de los novios y que suponían una gran exclusiva de la cadena pública: Don Felipe se reúne con el equipo de Televisión Española destacado en Oviedo para cubrir la XXIII edición de los premios Príncipe de Asturias. El Heredero saluda uno a uno a todos los periodistas. Las cámaras de TVE grababan el encuentro. Entre los redactores, Letizia Ortiz. La pareja, que ya se sabía comprometida, actúa con normalidad: el Príncipe estrecha la mano de la periodista, en presencia de todos y con las cámaras en marcha. A dos semanas de que se hiciera público el compromiso, nadie podía adivinar entonces que Letizia y Don Felipe mantenían una relación sentimental. El director general de la cadena, José Antonio Sánchez, situado a la izquierda de Letizia Ortiz y de la periodista deportiva María Escario saludaban a Don Felipe con una amplia sonrisa. Observando detenidamente esas imágenes, se adivina el rubor y nerviosismo de la periodista, que apenas se atreve a mirar a los ojos a un sonriente Don Felipe, con el que intercambia unas breves palabras. Tras estrechar su mano, Letizia aparta la mirada, consciente de que la cámara que le enfoca está recogiendo un documento histórico.

Precisamente, ese momento, esa mirada turbada de Letizia fue la primera imagen que subieron a la red, portales de noticias como *HOLA.COM*. Eran fotogramas «robados» de la televisión.

También disponía la cadena, de las imágenes de la gala de los premios ATV que concede la Academia de las Ciencias y las Artes de Televisión. Curiosidades o no de la vida, ella es la última mujer que forma parte de la Academia, tras su ingreso el 29 de septiembre del año 2003, con el número de socio 783. Un anecdótico honor para la profesión que también forma parte de la historia de Letizia. Un año antes, el 10 de octubre de 2002, el Príncipe había recibido a la junta directiva de la Academia, entre los que ella no se encontraba, en el Palacio de la Zarzuela. En ese acto, el Heredero firmó una dedicatoria que hoy resulta muy curiosa: «Con la esperanza de mantener un vínculo fructífero con esta joven institución». Siete días después, el 17 de octubre la conocería en persona.

Para guardar la máxima confidencialidad de la noticia, sólo algunos elegidos saben que al día siguiente tendrá lugar el anuncio del compromiso y se prepara contrarreloj, el especial *Informe Semanal*. El sábado por la mañana, se convoca a muchos de los compañeros de TVE de Letizia para preparar el programa especial. La mayoría no puede creer que *Leti* –aunque a ella no le guste demasiado que le acorten el nombre– será la próxima Reina de España. La redacción de informativos de fin de semana que acaba de incorporarse a sus puestos de trabajo en Torrespaña, con Pepe Ribagorda al frente, está tan sorprendida como confundida. El presentador reconoce días después que «es la noticia que he presentado con mayor escepticismo de mi vida profesional. No creía lo que estaba diciendo ante millones de espectadores, que "Leti" era la prometida de nuestro Príncipe».

Muy pocos sabían que Letizia y el Príncipe eran novios. En los últimos días algunos habían oído estupefactos el rumor que relacionaba a su compañera con el Heredero de la Corona y le habían preguntado disimuladamente si salía con alguien. No querían descubrir ante ella los verdaderos motivos que les llevaban a hacer una pregunta más allá de su vida profesional. La respuesta de Letizia fue siempre la misma: era un diplomático, que se llamaba Juan. En alguna ocasión y con los compañeros de mayor confianza, Letizia les había reconocido que se trataba de alguien muy importante pero que no podía decir su nombre. Pensaron que se trataba de algún famoso o político, pero nadie imaginaba que era el Príncipe Felipe.

El rumor recorría todas las redacciones de todos los campos del periodismo del país, y era fácil para la profesión confirmar la noticia. Aunque el reducido grupo de amigos y familiares había conseguido mantenerla en secreto, Letizia sabía que pronto otros muchos empezarían a atar cabos. Por eso, agobiada ante lo que se veía venir, habló con el Príncipe. Él no se lo pensó dos veces: en el momento que dieron el nombre de su novia, sabía que tenía que hacerlo oficial.

Daba comienzo el «jaque mate a la prensa» que incluía una calculada estrategia destinada a salvaguardar y acallar las críticas hacia Letizia Ortiz: la OPERACIÓN «SILENZIO». A nadie se le escapaba que una periodista divorciada no respondía al perfil ideal de una futura Reina.

Capítulo 2

Sábado, 1 de noviembre. 19.00 horas.

Salta la noticia

La mañana seguía igual de fría que la anterior. El tímido sol intentaba vencer a las nubes pero le faltaba fuerza. Ese primero de noviembre, festividad de Todos los Santos, no sería una fiesta soleada ni un día cualquiera. Los miles de españoles que cumplían con la tradición de visitar y llevar flores a sus difuntos en los camposantos de todo el país, no podían imaginar ni por asomo la avalancha informativa que se avecinaba. En vísperas de que se cumpliera el primer aniversario del desastre ecológico del *Prestige,* cuando todavía las olas arrastraban hacia las costas gallegas miles de aves muertas por efecto del vertido, el país se recupera lentamente del temporal de frío y lluvia que lo atraviesa desde Galicia a Levante. Pero aún quedaba por llegar a la Península Ibérica una nueva tormenta, la que provocaría el insólito y precipitado comunicado de la Casa del Rey anunciando el compromiso matrimonial entre Don Felipe de Borbón y Grecia con Doña Letizia Ortiz Rocasolano.

La semana que está apunto de acabar, la protagoniza, en el ámbito informativo y, desde hace meses, el polémico *Plan Ibarretxe.* El Gobierno recurrirá ante el Tribunal Constitucional el programa secesionista del lehendakari vasco, el nacionalista Juan José Ibarretxe. Pero a pesar de la magnitud de la noticia, que la propia Letizia anunciaba ayer en su último telediario, al día siguiente, quedará en un segundo plano.

A partir de las siete y veinte de la tarde, hora a la que el comunicado de la Casa del Rey empieza a llegar a las redacciones de los medios de comunicación españoles anunciando el compromiso, la difícil situación que vive el país quedará relegada ante el impacto informativo de la boda del Príncipe Heredero con una periodista divorciada. Ni la amenaza de Ibarretxe de defender su plan «con uñas y dientes», ni el temporal que azota el sur de la Península con rachas de vientos de 100 kilómetros por hora, ni el pesimismo de los informes que analizan la situación medioambiental un año después del vertido del Prestige serán suficientes. A la mayor parte del pueblo español sólo le interesa en ese momento saber quién es Letizia Ortiz, esa cara tan familiar de la que, sin embargo, no saben nada y que será un día la Reina de España.

Excepto los directivos y parte del equipo de Informativos de Televisión Española, Radio Nacional y la agencia EFE, los tres bastiones sobre los que se apoya la información del gobierno, y el presidente del diario monárquico *La Razón,* Luis María Ansón, amigo de Don Felipe, el resto de medios de comunicación del país, permanece ajeno a lo que se avecina. La *Operación Letizia* culminaría con el anuncio oficial del compromiso matrimonial, pasados veinte minutos de las siete de la tarde. El blanco papel con el membrete de la Casa del Rey que recibían los faxes de las redacciones de todo el país daba paso, ese mismo día, a la segunda fase de una no menos complicada estrategia que denominaremos, Operación silenzio.

¿En qué consistió la *Operación Letizia* y cómo se llevo a cabo?

En la primavera del 2003, el Príncipe empieza a recuperarse de la ruptura de su relación con Eva Sannum. Así lo confirman las continuas salidas de Don Felipe y sus amigos en la noche madrileña. Pubs y discotecas madrileñas como Marmara, Honky Tonk, Fortuny, Joy Eslava y Pachá son algunos de los escenarios dónde se le ha visto de lo más animado, casi siempre, acompañado de un grupo en el que casi nunca faltan jóvenes guapas , altas y rubias. El Príncipe pretende salvaguardar su vida privada y toma alguna precaución pero el nombre de algunas de sus últimas acompañantes trasciende a la opinión pública: en abril, Diana Martínez Bordiú y un mes más tarde, la alemana Cristine.

Cuando a principios del mes de junio empieza a frecuentar la compañía de Letizia Ortiz, será la periodista quién le «exija» al Heredero máxima discreción. Según la información recogida por la revista *Tiempo,* a Letizia le preocupaba que su amistad con Don Felipe pudiera trascender a la opinión pública, perjudicando su imagen como profesional. Es entonces cuando la Casa del Rey, a petición del Príncipe, diseña un complejo operativo de seguridad. La información no trascenderá hasta después de conocerse la relación con Letizia Ortiz Rocasolano. El diario *El País* la publica en portada el lunes 3 de noviembre de 2003 con el siguiente titular:«Zarzuela diseñó un plan de seguridad para proteger el noviazgo del Príncipe». Días más tarde, la revista Interviú asigna nombre y *modus operandi* al plan: La OPERACIÓN PAELLA consistía en que sólo una persona del equipo de seguridad, además del Príncipe, sabía al detalle toda la información sobre sus movimientos. Se trataba de evitar a toda costa que se filtrara información a los «objetivos indiscretos».

Y lo consiguieron, porque si bien el noviazgo fue breve y la mayoría de los encuentros de la pareja tuvieron lugar en casas privadas o locales de acceso restringido, en esta ocasión salvaguardar el noviazgo de la prensa era aún más difícil. El rostro de la acompañante de Don Felipe era muy conocido por su trabajo delante de las cámaras.

El Príncipe y su secretario desde 1995, el diplomático Jaime Alfonsín, contaron con el poderoso apoyo de Televisión Española y de la propia Letizia Ortiz, para preparar la denominada *Operación Letizia,* una compleja estrategia cuyo fin era convertir a la periodista en princesa en un tiempo récord. Apenas cinco meses –de junio a octubre– han bastado a Don Felipe para conseguirlo, exactamente el tiempo que su historia de amor tardó en descubrirse.

Una de las principales bazas en las que se apoyaba el plan era en el factor sorpresa. La Operación Letizia tenía fecha de caducidad y un claro objetivo: el jaque mate a la prensa, a ese *cuarto poder* que podía echar por tierra las aspiraciones de Don Felipe. Los *paparazzi* todavía se preguntan cómo fue posible que se les escapara la noticia del año. Fue una jugada maestra en la que el Heredero y sus asesores moverían brillantemente sus fichas.

El cenit de la operación se llevaría a cabo aquel primero de noviembre, cuando la Casa del Rey anuncia por sorpresa que Don Felipe y Letizia Ortiz se casarán antes del verano de 2004. Fuentes cercanas al Palacio de la Zarzuela expresaban su preocupación en el momento que se dio a conocer la noticia: «a la Casa Real le preocupa sobre todo "la telebasura" y los programas de "corazón" que saturan la programación televisiva de todas las cadenas. Haciendo oficial el noviazgo se conseguía limitar que la prensa ejerciera "demasiado libremente" el derecho de información y de libre opinión». Letizia no era una novia más, sino la prometida del Heredero al Trono y para acallar las críticas había que actuar rápido.

Palacio de la Zarzuela (1 de noviembre de 2003)

Los periodistas generalmente mejor informados en los asuntos de la realeza, aquellos que tenían un contacto directo con el Palacio de la Zarzuela, apenas habían podido pegar ojo la gélida noche del 31 de octubre de 2003.

Horas después de que el nombre de la periodista de Televisión Española Letizia Ortiz Rocasolano se perfilara como candidata «real» a Princesa de Asturias, habían escuchado desconcertados de boca de los responsables de prensa de la Zarzuela, lacónicas respuestas como «es el nombre que se maneja pero no sabemos nada» o «todavía no nos han dicho nada pero, ¿quién sabe?». Aquello no iba con la habitual línea del desmentido extraoficial que practica la Casa del Rey y que, en ocasiones anteriores, se zanjaba con frases del tipo «ya sabes que no desmentimos rumores» o «son rumores infundados». En esta ocasión, a la pregunta de si Letizia Ortiz era la novia de S.A.R Felipe de Borbón, la duda queda en el aire y el estupor hace mella en el ánimo de los sorprendidos interlocutores.

Por eso el sábado, a pesar de ser festivo, muchos continúan llamando a «sus confidentes reales» y confirman que algo está pasando. Antes de que sus fuentes les confirmen que en La Zarzuela están pasando cosas raras, que han convocado a todo el mundo y que eso no estaba previsto, descubren que la Casa del Rey tiene demasiada actividad para ser la festividad de Todos los Santos. Preocupados ante la inminencia de una confirmación, los jefes de redacción de los principales periódicos del país empiezan a llamar a colaboradores y especialistas en información de Casa Real. «Estad alerta, puede que haya un comunicado oficial».

Los periodistas que van llegando aquella mañana a las redacciones de los periódicos como el monárquico *Abc* o del diario español de mayor tirada *El País*, creen que la noticia es más propia del Día de los Santos Inocentes –único día del año que la prensa se permite gastar *inocentadas* a sus lectores– que de aquel luctuoso y festivo día de difuntos. La mayoría recurre a la lógica en sus argumentaciones: «Pero... ¡cómo va a casarse con una periodista divorciada!». «No hombre, no puede ser». Quién más y quién menos conocía el currículum sentimental de la elegida.

Aquel sábado, las nada convincentes explicaciones y excusas de los responsables de la prensa de la Casa del Rey y del Príncipe ante la insistencia por confirmar el noviazgo, pusieron en situación de alerta a casi todos los medios de comunicación españoles. Hasta el mediodía no se supo con certeza que la noticia se haría oficial, debido a la ausencia en el Palacio de la Zarzuela del Jefe del Estado, Su Majestad el Rey, que se encontraba de cacería en una finca en la provincia de Huelva.

La presión de los profesionales se hacía insoportable para el desbordado equipo que lleva la relación con los medios de comunicación social y que dirige Jorge Cebrián. Pero era necesario que Don Juan Carlos diera la orden para redactar el comunicado en el que se anunciaba el compromiso matrimonial del Príncipe y la periodista. La pareja no se encontraba en el recinto de La Zarzuela y Don Felipe había dejado al frente de todo el asunto a Jaime Alfonsín. El Jefe de la Casa del Príncipe trataba de mantener la calma en medio del caos que imperaba en Palacio mientras el novio apremiaba, «el comunicado debía salir lo antes posible». El factor sorpresa era determinante aunque fuera sábado y festivo.

Finalmente y tras ser consultado por teléfono, el Rey dio vía libre al anuncio oficial, con una muy concisa frase: *soltadlo*. Al otro lado del hilo telefónico, una persona de su máxima confianza ponía en marcha el precipitado operativo.

Cuando la noticia ya está en el aire y la sorpresa se apodera del pueblo español, los privilegiados que comparten jornada de caza con S.M. el Rey ese fin de semana, le felicitan y él contesta: «es una chica muy guapa que ha conocido hace cinco meses». Su lánguida contestación no permite más preguntas y entienden que la decisión no parece muy del agrado del Rey. Y es cierto, Don Juan Carlos está pensativo, dubitativo y tan sorprendido como el resto de cazadores que le acompañan, aunque también se siente esperanzado: el relevo ha llegado.

Sus amigos intuyen que la inesperada decisión que ha tomado su hijo, anunciando el compromiso, le preocupa más como Rey que como padre. Su gesto lo dice todo. Don Juan Carlos recuerda y repasa mentalmente los acontecimientos acaecidos tres semanas antes.

En la Casa del Rey se sospechan las razones de la inquietud que atraviesa el estado de ánimo del Jefe del Estado español. Apenas un mes antes, el 5 de octubre de 2003 habían tenido conocimiento de la elevada discusión que habían mantenido padre e hijo, Rey y Príncipe Heredero, en la que ambos debatieron entre el Amor y la Obligación, la Felicidad y la Responsabilidad.

Don Juan Carlos era consciente de que no era el primer Rey, ni sería el último, que se enfrentaba a la difícil tesitura de exponer las razones que le llevaban a mostrarse contrario a la elección de la futura esposa de su hijo. Como Rey se había opuesto al matrimonio de su hijo con Eva Sannum, pero en esta ocasión no lo haría. El Monarca, cansado, acabó por ceder ante el interminable debate que su hijo Felipe como la mayoría de los príncipes herederos europeos actuales, los futuros reyes del siglo XXI, habían mantenido en la última década con sus progenitores.

Después de aquel día, el conflicto le había turbado en extremo y nadie reconocía el carácter jovial del Monarca pues tal era su aflicción y desasosiego. Pero según avanzaba el mes de octubre, quiénes realmente conocían al «Jefe» vislumbraron, poco a poco, que su pesar daba paso a la esperanza y más tarde al optimismo más contagioso.

Sin embargo, la Reina, lejos de recuperarse del *shock* que le había producido la noticia, cada día parecía más afectada, estaba a todas luces, triste, incómoda y resignada. Doña Sofía que siente verdadera devoción por su hijo pequeño, estaba imbuida de pleno en el conflicto. A ella, hija de Reyes y educada para ser Reina, no se le escapan las dificultades que entraña el oficio para una ciudadana *de a pie*. Conoce bien la fragilidad de las Monarquías, pues ella y su familia saben lo que es el exilio. Sus sentimientos como madre que, en el caso de Eva Sannum le hicieron inclinar la balanza del lado de su hijo, chocan con su «profesionalidad» como Reina.

Ella, testigo directo del sufrimiento de su hijo al ser obligado a renunciar a Eva Sannum, teme desde entonces la llegada de una nueva flecha de Cupido al corazón de su hijo. Él siempre ha defendido, en público y privado, su derecho a contraer matrimonio por amor. Doña Sofía intuye que la próxima vez que se enamore, será la definitiva. Sólo espera y confía que la elegida sea la adecuada.

Tal y como temía la Reina desde hacía casi un año, el Príncipe se enamora. Aquella periodista tan conocida, a la que todas las noches observaba minuciosamente a través del televisor, y que había conocido después del verano, cuando su hijo se la presentó oficialmente, era guapa, inteligente y tenía carácter. Pero le faltaban otras cualidades que ella consideraba inherentes a la Realeza, a esa educación especial que ella recibió cuando era Princesa de Grecia. Los tiempos han cambiado. En su época, casarse con un Príncipe Heredero era un oficio que se aprendía desde la cuna; por suerte –pensó– era española y de Oviedo. Paradójicamente, lo único que no incluía su *curriculum* cuando se casó con Don Juan Carlos, lo tenía su futura nuera.

Tras la presentación oficial a sus padres, a mediados del mes de septiembre, el Príncipe tenía claro que había llegado el momento de hablarles con franqueza y contarles que quería casarse con ella. Lo ideal sería anunciarlo en Navidad, les dijo, pero si la prensa descubría antes la identidad de su novia, había que actuar de inmediato. A la sorpresa inicial de los Reyes ante la sorprendente declaración, le siguió la negativa del Rey. Pero Felipe les tenía reservada una sorpresa aún mayor: renunciaría a la Corona si no cambiaban de opinión.

El periodista y escritor, Tico Medina, ya había comentado en el programa Con T de Tarde de Telemadrid que presenta Terelu Campos, que el Príncipe salía con una presentadora de televisión rubia. Por suerte para los protagonistas de la noticia, la información había pasado sin pena ni gloria. Pero el 1 de noviembre lo que nadie sabía era que la decisión de la pareja de contraer matrimonio ya estaba tomada desde hacía unas semanas. Por eso, en el momento que el nombre de la novia del Príncipe saltó a los medios de comunicación, todos en el Palacio de la Zarzuela, sabían lo que tenían que hacer apenas recibieran la llamada de Jaime Alfonsín, mano derecha del Heredero. Conociendo la vida de la novia de Don Felipe, era necesario actuar inmediatamente. Sus relaciones sentimentales anteriores, en las que no faltaba un incómodo matrimonio civil en 1998 con el escritor Alonso Guerrero, y un largo e intenso noviazgo con el presentador y periodista, David Tejera, peligrosamente cercano en el tiempo al inicio de la relación con Don Felipe resultaban incómodos. Sólo oficializando la relación, se evitaría que su imagen saliera perjudicada.

Aunque resultaba evidente que el día elegido para el anuncio, el Día de Todos los Santos, no parecía en principio el más apropiado, se aprovechó la circunstancia que en esa fecha, pero veintiséis años antes, el 1 de noviembre de 1977, un jovencísimo Felipe recibió el título de Príncipe de Asturias, que le convertía en Heredero de la Corona. Tenía entonces 9 años y recibía además los títulos de Príncipe de Viana y Príncipe de Girona que corresponden a los primogénitos de los Reinos de Castilla, Aragón y Navarra cuya unión formó en el siglo XVI la Monarquía española.

Daba la impresión, aunque no fuera realmente así, que nada se había dejado a la improvisación. Letizia y el Príncipe aguardaban, escondidos en algún lugar seguro, el increíble momento en que las televisiones y radios de todo el país emitieran la noticia. Eran la viva imagen de la felicidad, aunque la bella periodista estaba algo cansada. Esa mañana se había levantado a las cinco en su piso de Valdebernardo, en el distrito de Vicálvaro de Madrid, para preparar una pequeña maleta para el viaje hacia la felicidad, un remoto y, a la vez, cercano lugar, en el que comenzaría una nueva vida junto al Heredero.

Los responsables de la imagen de la Familia Real conscientes de la envergadura del problema que se les venía encima no facilitaban datos sobre la biografía de Doña Letizia. Confiaban que, tras la operación *silenzio* que incluía las llamadas que, esa misma tarde-noche, se realizaron a los directores generales de los medios de comunicación españoles más influyentes, se pasara por alto el hecho de que Letizia no cumplía, en absoluto, con las leyes no escritas que rigen la Monarquía.

Así que se optó por el silencio, por callar a la prensa y por silenciar las posibles fuentes de información. La idea que había que transmitir era clara y meridiana: «si el Rey ha aceptado y expresa su satisfacción, nadie va a atreverse a ser más monárquico que el propio Monarca».

Don Felipe no se casaba con una «igual» como le había aconsejado su querido abuelo Don Juan, legítimo heredero de la Corona española que no contó con el beneplácito del general Franco. Letizia no tenía una gota de «sangre azul» ni remontando su árbol genealógico al Paleolítico y habían desistido de encontrar un providencial santo como en el caso Urdangarín. En realidad, de su biografía, aparte de su brillante carrera profesional y la circunstancia de que fuera española y por ende, asturiana, no había nada que reseñar en una potencial campaña de imagen. Tampoco Don Felipe había hecho caso a los proverbiales consejos de su abuelo: «Las Reinas no deben tener pasado, porque el pasado siempre es presente». Y Letizia, como cualquier mujer joven de 31 años, tenía pasado.

Los responsables de prensa del Palacio de la Zarzuela saben que Letizia es la primera divorciada que se prometería con un heredero al Trono. Horrorizados, los monárquicos más ortodoxos, comentan: «Y puede que sea agnóstica, republicana y socialista». ¿Cómo lo encajaría el pueblo español? Aquello nos arrastraba a un nuevo concepto de monarquía y los más radicales se atrevían a llamarla «monarquía republicana». Pero los fieles colaboradores de la Casa Real eran unos maestros de la imagen y sabían que aquello sólo podía y debía ser interpretado como un signo de modernidad y adaptación a los nuevos tiempos. Al menos las críticas recibidas por la construcción de la Casa del Príncipe, con un coste superior a cinco millones de euros a costa del erario público, serían acalladas tras el compromiso oficial. Sería la perfecta residencia para el joven matrimonio. La próxima boda, llegaba en el momento oportuno.

Desde el ordenador del Gabinete de prensa de La Zarzuela se acaba de imprimir el comunicado Real, con el anagrama del escudo de la Casa. Es un momento histórico. El funcionario que tiene el honor de recoger aquel simple y escueto folio, apenas podía creer lo que estaba viendo.

Es curioso que pese a los avances en comunicaciones de palacio, los faxes se envían a la vieja usanza y no de manera automática, a través de un ordenador o correo electrónico. La memoria del fax de Zarzuela registra los números de cientos de redacciones de periódicos, radios, televisiones y agencias de prensa del país. El comunicado viaja lento, casi majestuoso. Tardará más de cuatro horas en llegar a todos sus destinatarios.

«Sus Majestades los Reyes tienen la gran satisfacción de anunciar el compromiso matrimonial de Su hijo, Su Alteza Real el Príncipe de Asturias Don Felipe, con Doña Letizia Ortiz Rocasolano.

La petición de mano tendrá lugar en el Palacio de la Zarzuela el próximo jueves, día 6 de noviembre.

La boda se celebrará a principios del verano de 2004 en la Catedral de Santa María la Real de la Almudena de Madrid.

Palacio de la Zarzuela, 1 de noviembre de 2003.»

Los medios confirman el compromiso. Sábado 19.00 Horas.

Ese sábado festivo, con todas las redacciones del país bajo mínimos, lo que el día anterior había comenzado como un rumor empezaba a adquirir tintes casi oficiales. No han transcurrido ni veinticuatro horas desde que Terelu Campos pronunciara en su espacio televisivo de crónica social el nombre y apellido de Letizia Ortiz.

En el periódico *Abc* se convoca una reunión de redacción a las doce del mediodía para preparar un plan de urgencia. Todos están alerta y a la espera del comunicado. En esa redacción trabajan algunos conocidos de Letizia, de la época en la que fue redactora del periódico siete años antes, que confirman a los jefes que la periodista sale con Don Felipe, aunque realmente no creen que la cosa vaya en serio. La noticia va tomando fuerza hasta que el redactor jefe de guardia comunica a la redacción, tras la enésima llamada al departamento de prensa de la Casa del Rey: «Podéis iros a casa a comer; el Rey no está en Madrid y la cosa podría retrasarse». Pero en el último momento, una llamada advierte que hay cambio de planes y que el anuncio del compromiso matrimonial es inminente.

En casi todos los medios de comunicación del país, quien más o quien menos conoce a algún allegado a Letizia e incluso, otros la conocen personalmente, así que muchos descuelgan el teléfono. No era el caso de la periodista del diario monárquico *La Razón,* María Penedo quien sin conocerla de nada, decide llamarla a las seis de la tarde. La breve conversación sería publicada al día siguiente en el diario de Luis María Ansón, amigo de Don Felipe y ex jefe de Letizia. La periodista prueba suerte y marca el número de su teléfono móvil.

«—Perdona que te moleste Letizia. Te llamo de *La razón.*

—¿Cómo has conseguido mi teléfono?

—Soy periodista entiéndeme.

—Comprendo tu llamada, te entiendo como periodista pero no te puedo decir nada. Estoy conduciendo.

—Sólo una pregunta: ¿Tienes una relación con el Príncipe?

—Estoy tan sorprendida y harta de la pregunta…

—Creo que el viernes te estaban esperando un montón de «paparazzi» cuando saliste de la televisión.

—No me han encontrado ni me encontrarán.

—¿No estás en Madrid?

—No te puedo decir nada.

—Letizia, una última pregunta: ¿Estás contenta?

—Estoy sobrepasada, entiéndeme.»

Como suele ocurrir, los medios oficiales como Televisión Española, la Agencia EFE y Radio Nacional habían sido prevenidos por La Zarzuela con algunas horas de antelación. Lo que se había iniciado como un rumor para el resto de televisiones y periódicos que, desde por la mañana, alertados por sus colegas de los medios oficiales, bloqueaban la centralita del Palacio de la Zarzuela y comprobaban asombrados como la noticia no era desmentida por los responsables de prensa de Palacio, se confirmaba con carácter oficioso en el boletín informativo de las siete de la tarde de Radio Nacional en el que se avanza: «a las siete y media de la tarde se emitirá un comunicado de la Casa Real anunciando el compromiso de S.A.R. el Príncipe Felipe con la periodista Letizia Ortiz».

La televisión autonómica Telemadrid, interrumpía su programación minutos después del boletín de RNE, para conectar con los servicios informativos y dar, nuevamente en primicia televisiva, el anuncio del compromiso. Con un espacio informativo de casi una hora de duración, Telemadrid era la primera cadena que daba a las siete y media el Comunicado de la Casa del Rey y se imponía con un 32, 4 de share (audiencia) a las otras cadenas competidoras.

El resto de televisiones aguardaría la llegada del insólito comunicado. La noticia debería esperar a los informativos para anunciar el compromiso matrimonial del Príncipe de Asturias, con los presentadores en plató, los regidores en sus puestos y los realizadores en el control. Sólo quedaba la orden de lanzar una de las noticias más esperadas de los últimos años.

Para los profesionales de la prensa y la televisión, el hecho de que Televisión Española continuara su programación habitual del sábado por la tarde, con la clásica emisión de la película de *Cine de Barrio,* suponía una pista que alimentaba la incertidumbre. Algo no encajaba para los productores y jefes de redacción de guardia en los informativos del resto de televisiones nacionales y autonómicas. Había que actuar con prudencia. Sabían que Televisión Española había convocado esa misma mañana a gran parte de su equipo de informativos, despertando a la mayoría con la sorprendente noticia. Los programadores de la competencia no daban crédito a que la cadena estatal, teniendo la noticia de primera mano y la mayoría de imágenes de la periodista elegida casi en exclusiva, continuara su emisión sin alteraciones y guardara silencio.

La película de Cine de Barrio, *Me has hecho perder el juicio* tenía un título demasiado premonitorio para ser casual, pero aunque el resto de periodistas del país empezaran a sentirse como los protagonistas de aquel filme, los responsables del Ente Público decidieron sorprender a todos en el informativo de las nueve de la noche para dar la noticia. Sólo después, y gracias al trabajo del equipo de *Informe Semanal,* el buque insignia de los programas informativos de la cadena –espacio que también presentó Letizia Ortiz, sustituyendo a Baltasar Magro el verano de 2002– la cadena pública demostraría la capacidad de respuesta de su superestructura informativa.

El especial de *Informe Semanal,* preparado ese mismo día, sobre el compromiso de Don Felipe y Doña Letizia Ortiz, justificó por una hora, si cabe, el déficit de TVE, si bien la audiencia que consiguió (20,4 *share*) quedó muy por debajo de las expectativas. TVE era la única cadena, exceptuando Canal Plus, donde la periodista había presentado un informativo para CNN+, que poseía imágenes de Letizia para ilustrar la noticia. Las agencias de noticias todavía no habían captado ni un solo segundo de imagen de la novia de Don Felipe y de los archivos de algunas televisiones, como Antena 3, sólo pudieron rescatar la aparición de la presentadora recogiendo el premio TP a la mejor cobertura informativa por el desastre del petrolero Prestige en las costas de Galicia.

A las siete de la tarde, los cinco colaboradores de *Salsa Rosa,* su presentador, Santiago Acosta, y la directora Sandra Fernández, se encontraban como todos los sábados cenando en el restaurante Luso, situado en las inmediaciones de Telecinco, en el barrio de Fuencarral, a las afueras de Madrid. El programa era el único espacio de actualidad rosa que se emitía en directo el día que se anuncia el compromiso. La reunión de escaleta, en la que se deciden los contenidos del programa, aún no había comenzado. A las siete y cinco minutos les llega la confirmación de que la gran noticia podría producirse. Fernández y su equipo no podían creer en su buena suerte, «¡Seremos los primeros en comentar la noticia!». Con un programa de cinco horas por delante y sin imágenes de Letizia Ortiz, el reto era apasionante.

En aquel momento, además del currículo profesional de la periodista, que podía encontrarse en la página Web de TVE, en el que se especificaba que tenía 31 años y era natural de Oviedo, no existían más datos sobre ella, exceptuando la providencial publicación, esa misma mañana de un extenso artículo en el diario *La Razón.* Desde luego aquello no era casual, indudablemente admitía otra lectura y a ningún periodista mínimamente experimentado se le escapaba.

Luis María Ansón, el director del periódico dedicaba una página a la asturiana, con el siguiente titular: «Letizia Ortiz se confirma como la revelación del año dentro del periodismo audiovisual». Según el artículo, «el sector televisivo destaca la magnífica labor de la presentadora del Telediario 2, tras la entrega de la XXIII edición de los Premios Príncipe de Asturias». Sin embargo, ningún representante del «sector televisivo» hacía declaraciones a La Razón que justificaran la noticia. En realidad, era una biografía profesional de la periodista ensalzando su impresionante trayectoria en televisión. La pieza se ilustraba con fotografías de Letizia, el equipo de Informativos de TVE, Alfredo Urdaci, y el director general de TVE, José Antonio Sánchez, de la época que presentaba la Primera Edición del telediario estatal junto a Josep Puigbó.

María Penedo, la redactora a quien confesaba Letizia 24 horas antes que se sentía sobrepasada, se vuelve a poner en contacto con ella, minutos después de que el fax llegara a *La Razón*, para comentar la noticia. No podía dejar de intentarlo y de nuevo encontró a alguien al otro lado del teléfono. La primera respuesta que obtuvo fue «me alegro de que mis compañeros periodistas estén contentos».

Las agencias de noticias Korpa y Europa Press, con sus equipos desplazados en el domicilio de la novia consiguen las primeras reacciones de vecinos, entrevistan al portero de la casa de Letizia que confirma que la periodista abandonó su domicilio temprano, a las seis de la mañana con una maleta de ruedas. Pasadas las nueve de la noche, dos reporteros de Korpa obtienen las primeras declaraciones de su madre, Paloma Rocasolano, a través del interfono de su casa. Las imágenes se emitirían en primicia en el programa *Salsa Rosa* que, por sus contenidos «de corazón», preocupaba especialmente a la Casa del Rey.

La noticia del anuncio de la boda de Don Felipe ocupará tres de las cinco horas del programa. Desde las nueve y veinte a las doce y cuarto de la noche, los cinco colaboradores del programa, acompañados por Juan Pedro Valentín, director de Informativos de Telecinco, el escritor especializado en la Monarquía, Fernando Gracia y el periodista Fernando Jáuregui desvelarán aspectos hasta ese momento desconocidos de la futura Princesa de Asturias, como su matrimonio y posterior divorcio de Alonso Guerrero y su recién finalizada relación con el periodista David Tejera; los primeros datos sobre su familia, su infancia en Oviedo y los nombres de sus padres que también están divorciados.

El programa, que tuvo la fortuna de que el comunicado se precipitara el día de su emisión, ganaría en audiencia al «especial Informe Semanal» preparado con motivo del compromiso y que tenía en exclusiva todas las imágenes de la novia del Príncipe. *Salsa Rosa* se hace con el liderato de la audiencia llegando a tener puntas del 43 por ciento del share y concentrar a más de cinco millones y medio de espectadores. Pero la gran exclusiva de la noche sería el testimonio emocionado del padre de la novia, un periodista no demasiado conocido hasta entonces. Una redactora del programa consigue ponerse en contacto telefónico con Jesús Ortiz que habla por primera y última vez en un programa de televisión. Sus declaraciones, en las que reconocía su felicidad y sorpresa al conocer la noticia, se emitían en directo a las once y diez minutos de la noche, al tiempo que Televisión Española ponía el broche de oro a su programa especial, con las imágenes exclusivas del Príncipe y Letizia saludándose en Oviedo durante los Premios Príncipe de Asturias. Era el momento álgido del programa. El director de *Informe Semanal* está pendiente, desde el control de realización, no sólo de su propio programa sino del resto de emisiones de las cadenas de la competencia. En su monitor, Letizia estrecha la mano de Don Felipe y, al instante, comprueba atónito que en la pantalla de Telecinco aparece el rótulo: *CONEXIÓN TELEFÓNICA CON JESÚS ORTIZ (PADRE DE LETIZIA).*

La intervención del padre de la novia en un programa de televisión no encajó demasiado bien en el Palacio de la Zarzuela. Ante la sorpresa de todos cuantos veían el programa *Salsa Rosa,* Jesús Ortiz, no puso reparos a las preguntas de los periodistas. Probablemente ni él mismo era consciente de la importancia de sus primeras palabras ni de las reacciones que originarían entre el resto de sus colegas.

Después de recibir la cálida felicitación del programa, Jesús Ortiz reconocía que no sabía como su hija había conocido al Príncipe. Trataba de justificar su desconocimiento o su discreción: «los padres sabemos poco de las relaciones de los hijos con sus parejas». Ante la insistencia de los contertulios, se animó a hacer una interesantísima revelación: «mi hija me explicó que tenía una relación con él y me dijo: esto va a ser así, simplemente espero que nos apoyes». Cinco millones de personas seguían en directo las declaraciones que revelaban detalles de la personalidad de la futura Reina en boca de su propio progenitor. Aunque reconoció que sabía del romance «desde hacía poco», intentó esquivar la pregunta de si conocía ya a Don Felipe y explicó que lo conoció como profesional cuando tenía doce años en Oviedo, con motivo de la entrega de la Primera Edición de los Premios Príncipe de Asturias.

Se sintió más cómodo cuando le preguntaron por la personalidad de su hija. Aquello era menos comprometido. Jesús Ortiz se deshizo en elogios: «es una chica cariñosa y absolutamente deliciosa». Entre sus aficiones destacó su amor por la literatura y su enorme interés por la cultura: «Es una lectora empedernida».

Juan Pedro Valentín, que había pronunciado alguna conferencia en el master de periodismo audiovisual que entonces dirigía el padre de Letizia, le preguntó si no era una frustración para él que su hija abandonase su carrera profesional. Ortiz regaló a la audiencia la frase que todos estaban esperando: «lo más importante es su felicidad».

Capítulo 3

ANTECEDENTE NORUEGO

Después de aquel tórrido verano de 1989 en el que, a sus veintiún años, Felipe de Borbón descubre el amor junto a la aristócrata Isabel Sartorius, la vida sentimental del Heredero de la Corona ha estado siempre en el punto de mira de los medios de comunicación, de la sociedad y, por supuesto, de su entorno más cercano, es decir, su propia familia. Pero después de catorce años y tres intensas relaciones sentimentales con las de Isabel Sartorius y las modelos extranjeras, Gigi Howard y Eva Sannum, ninguno de ellos estaba preparado para la conmoción que supuso conocer el anuncio de su compromiso matrimonial con la periodista Letizia Ortiz Rocasolano.

Isabel Sartorius fue su primer gran amor. Perteneciente a la aristocracia y al círculo de amistades de Don Felipe, la relación que duró cuatro años (1989-1993) no prosperó por la juventud del príncipe y la oposición de la Reina Sofía. La hija mayor del fallecido Marqués de Mariño poseía todo para enamorar al Príncipe y a su pueblo: española, guapa, inteligente, sobradamente preparada –carrera universitaria, Máster en Relaciones Internacionales por la Escuela Diplomática y bilingüe– educada, discreta y noble. Pero el hecho de que sus padres estuvieran divorciados suponía a finales de los ochenta en España, una desventaja insalvable en su carrera hacia el trono.

Después de una relación de dos años con la modelo norteamericana Gigi Howard, a la que conoció cuando realizaba un master en la Universidad de Georgetown (Washington), Don Felipe mantuvo un breve noviazgo con la princesa Carolina de Waldburg. Con una gran fortuna y genealógicamente perfecta, Carolina fue la única princesa que conquistó a nuestro Príncipe. El resto de candidatas con las que se le relacionó desde Tatiana de Liechtenstein, su prima Victoria de Borbón, Catalina de Habsburgo, Victoria de Suecia o Sofía Ullens eran tan reales como irreales en el corazón de Don Felipe.

Fue una modelo, Eva Sannun, una noruega de fuerte carácter, la mujer que más hondo caló en su corazón y por quien el Príncipe se enfrentó a su familia y al rechazo de todo un país. Durante cinco años vivieron un amor clandestino que, a pesar de todo, sería captado por los teleobjetivos provocando un gran malestar en palacio y en la sociedad. El Príncipe tuvo que anunciar el 14 de diciembre de 2001, con cierta emoción en su voz, el final de una relación nunca hasta entonces confirmada.

Dos años después, el 1 de noviembre de 2003, un asombrado pueblo español recibe la noticia oficial de que una periodista, Letizia Ortiz Rocasolano y el Príncipe Don Felipe de Borbón contraerán matrimonio el 22 de mayo de 2004 en la Catedral de la Almudena de Madrid. Algunos «visionarios» como el periodista Jaime Peñafiel, llevaban meses advirtiendo que la prensa sería la última en enterarse de los amoríos del Príncipe de Asturias. El veterano periodista, muy relacionado con el entorno de la Casa Real, sabía hasta qué punto le preocupaba al Príncipe mantener en la más estricta intimidad su nueva relación sentimental. La notoriedad de su relación con la modelo noruega que provocó una campaña de acoso y derribo desde los medios de comunicación, había tenido un precio demasiado alto para Don Felipe.

¿Qué habría detrás del apresurado compromiso oficial?

Para entender los acontecimientos que lo desencadenaron es preciso remontarse al año 2001, cuando Don Felipe anuncia, de forma inesperada, el fin de su relación con Eva Sannum. Ninguna otra mujer, antes que ella, estuvo tan cerca de ostentar un día el título de Princesa de Asturias.

En los albores del nuevo milenio, Don Felipe de Borbón es, junto a Alberto de Mónaco, el único heredero de un trono reinante europeo que no tiene novia oficial.

Aquel siglo XXI que amanecía estaba destinado a pasar a la Historia como el del reinado de Felipe VI. Nada hacía presagia, aquel maravilloso verano de 2001 que la Historia iba a dar un giro determinante y que el mundo se conmocionaría con el ataque del talibán Bin Laden al corazón de los Estados Unidos provocando el estallido de la guerra entre Estados Unidos e Irak. Y en un ámbito más íntimo y personal, el Príncipe no podía imaginar que, en ese mismo instante, mientras las Torres caían como si fueran de papel, comenzaría su particular tormento: el fin de su relación con Eva Sannum. Un sufrimiento que le llevaría, dos años más tarde, después de una intensa lucha interior, a ser soberano de sus actos aunque aquello supusiera enfrentarse a su padre, El Rey.

Hasta ese fatídico 11 de septiembre, y al menos en lo que a él más de cerca le tocaba, su relación con Eva Sannum empezaba a vislumbrar la luz tras cuatro años de oscuridad. Pronto se haría oficial. Todavía coleaban en los programas de televisión los comentarios sobre el escotado vestido azul eléctrico con el que Eva hizo su entrada triunfal en el escenario de la boda del Príncipe Haakon de Noruega y Mette-Marit. Se comentaba su inapropiada indumentaria y casi nadie repara en que el encuentro de la pareja en presencia de la realeza europea, era de alguna manera su oficialización.

Mientras la Vieja Europa asiste, compungida pero resignada, al estallido de la rebelión de los príncipes Herederos, rompiendo con siglos de tradición en las supervivientes casas reinantes, a Don Felipe no le cabe ninguna duda que él está abocado a seguir la tendencia que marcan los nuevos tiempos, en los que sobre los matrimonios de conveniencia triunfa el amor verdadero. Este virus se expande peligrosamente entre los Pirineos y los Urales, amenazando con diezmar la pureza de la sangre «azul» de las Familias Reales.

Tan sólo dos, de los diez futuros Reyes del siglo xxi, su buen amigo Hakoon de Noruega y Federico de Dinamarca, viven una situación de rechazo social comparable a la que él padece, desde hace cuatro años. Hakoon vive su particular infierno al elegir como futura esposa a la polémica Mett-Marit, a quién su «salvaje pasado», del que tuvo que arrepentirse públicamente, parece un escollo insalvable para la felicidad de la pareja. Hakoon contará con el apoyo de sus padres, los Reyes Harald y Sonia, pioneros en contraer un matrimonio desigual, en una época en la que los llamados matrimonios morganáticos eran casi imposibles. Harald, de quién dicen fue el primer amor de la Reina Doña Sofía, se había enamorado de una costurera. La pasión resistió incorrupta durante los ocho años que la pareja tuvo que esperar para poder casarse. Sólo la muerte del viejo Rey Olav, les permitiría contraer matrimonio; el padre del príncipe Harald no aceptó en vida a la modista noruega.

Pero ni siquiera el apoyo de los actuales Reyes de Noruega conseguiría acallar las críticas de la sociedad y de la prensa del pequeño país nórdico. Haakon se encuentra ante la verdadera dimensión del problema, el pueblo no quiere, es más, repudia, a su pareja con la que convive desde hace algún tiempo. La sociedad noruega, moderna, liberal y con los principios de igualdad muy asentados, no respeta a la futura Reina. Su pasado relacionado con las drogas –tiene un hijo, Marius, fruto de su relación con un narcotraficante condenado–, las imágenes de Mette-Marit de juerga enseñando sus pechos o su presencia en un programa de televisión buscando pareja, son suficientes para que los noruegos se opongan a la boda. La prensa se ceba con ella y Hakoon contraataca. En una declaración televisada defiende su amor y asegura que está dispuesto a renunciar a la Corona. Aunque finalmente no llega a hacerlo: la boda se anuncia para el 25 de agosto de 2001.

Felipe asiste, esperanzado y solidario, al desarrollo de los acontecimientos que vive su íntimo amigo Hakoon en la no tan lejana, al menos en sus sentimientos, Noruega. El escándalo que se vive en la corte puede seguirlo a través de la prensa española y además vive muy de cerca la relación de Hakoon y su prometida. En lo personal, le apoya y admira su resolución para acabar con un problema que no le resulta ajeno. La cercanía entre los herederos de ambas casas reales es cada día mayor.

Durante ese año, han sido muy frecuentes los viajes del príncipe español a Noruega, donde siempre ha contado con la protección de su amigo para evitar que sus citas con Eva trascendieran públicamente. En uno de esos encuentros, que tiene lugar en el piso de Hakoon y Mette-Marit en Oslo, la pareja anuncia a Felipe y a su compatriota, su próximo enlace. Por supuesto, ambos están invitados. Aquella mágica noche, Eva y Felipe se miran con complicidad y esperanza; el mundo se rinde ante un amor verdadero.

Aunque no mantienen relaciones tan estrechas, el príncipe de Asturias seguirá de cerca el devenir de otra relación polémica que tiene como protagonistas al Príncipe Guillermo de Holanda y su entonces novia, la argentina Máxima Zorroguieta. Los medios de comunicación descubren que su padre ha sido ministro durante la dictadura militar en Argentina de Jorge Rafael Videla. La opinión pública pone rápidamente el noviazgo en cuarentena y el Gobierno holandés se enfrenta a una complicada situación política. Finalmente, tras la amenaza de Guillermo de renunciar a sus derechos dinásticos, el Gobierno de la Haya encontró una solución: se aprobaría a la novia, pero no a su padre cuya presencia en la ceremonia nupcial fue vetada por el Ejecutivo holandés.

El triunfo del amor en las principales Monarquías Europeas es ya una estela imparable que sigue el resto de Herederos. Felipe de Bélgica y Federico de Dinamarca también se rebelan contra la ley que les obliga a casarse con una «igual», eligiendo como esposas respectivamente a la aristócrata belga, Matilde D'Udekem y a la abogada australiana Mary Donaldson. Don Felipe ve cada día más cerca la posibilidad de unir su vida a Eva Sannum. Atrás han quedado las historias de los Reyes que abdicarían para contraer matrimonio con su amada, como Eduardo VIII con la divorciada americana Wallis Simpson, los tiempos en los que Rainiero de Mónaco rompía moldes casándose con una actriz norteamericana, la inolvidable Grace Kelly, o los de Carlos Gustavo de Suecia que se casaría con una azafata de origen germano-brasileño.

Mientras en Europa se va aceptando con normalidad la trasgresión a las leyes no escritas que rigen los matrimonios reales, la relación del Príncipe Felipe y Eva Sannum continúa en medio de grandes dificultades.

Felipe ya ha convencido a sus resignados padres que, finalmente, han dado su consentimiento al enlace y confía en que la opinión pública también acepte a la mujer con la que quiere casarse. Eva Sannum empieza en la Iglesia San Olav de Oslo, muy cercana a su residencia, un curso destinado a acercarle al Catolicismo, en la que no faltan tampoco clases de Historia de España, con un especial énfasis en la Monarquía Española.

Pero, como rezaba aquel anuncio publicitario *Spain is different* (España es diferente), ni los esfuerzos de la bella nórdica para conquistar el alma de los españoles convirtiéndose al catolicismo, conseguirían crear una corriente de opinión favorable hacia su persona.

Un artículo publicado el 20 de abril de 2001, acabaría de sacudir la relativa estabilidad del joven Príncipe. Será una fecha inolvidable por muchas razones para la Familia Real ya que, por primera vez, una voz cualificada se atrevía a atentar contra el noviazgo de Don Felipe y Eva Sannum. Su autor era el monárquico y aristócrata José Luis de Vilallonga, buen amigo del Rey Juan Carlos. Vilallonga tenía el honor de ser la única persona hasta entonces autorizada para escribir un libro de conversaciones con el Rey de España. El artículo se dirigía a su Alteza Real el Príncipe Felipe en primera persona, en una especie de carta apocalíptica, titulada Los deberes del Príncipe. Su publicación en el periódico monárquico Abc resultaba, si cabe, más sorprendente:

«Recuerde el Príncipe que los monárquicos de toda la vida serán los primeros en reprocharle su primer paso en falso y Dios no quiera que sea el de su matrimonio. Yo mismo, monárquico genético por no decir endémico, consideraría un error grave una boda que nos pusiera a la altura de los ingleses y quizás empezaría a calibrar las posibilidades de una República que me ahorraría tener que reverenciar a una reina equivocada. Por lo menos, con la República podría despacharme a gusto».

Aquella declaración de guerra de los monárquicos respondía a la presencia de la noruega esa Semana Santa en nuestro país. Había trascendido igualmente a la prensa un viaje a Austria de la pareja, acompañada de la Infanta Doña Cristina y su marido, Iñaki Urdangarín. Don Felipe y Eva Sannum llevaban quince días sin separarse.

El Heredero empieza a vislumbrar, perplejo, que las zancadillas le vienen de dentro. La Casa del Rey sufrirá la furia del príncipe enamorado. Cuentan que los silenciosos muros del Palacio de la Zarzuela retumbaron aquella agitada primavera. Tanto es así que doce días después, el 3 de mayo, Fernando Almansa se ve obligado a escribir una carta al director de *Abc*. En ella trata de dejar claro, a todos aquellos que, como el propio Príncipe, intuían una crítica autorizada a su noviazgo con la modelo noruega, que la institución que él representa no comparte la opinión expresada por Vilallonga. El jefe de la Casa del Rey dice a propósito del conflictivo artículo del aristócrata:

> «La Casa de Su Majestad desea manifestar que las opiniones en él contenidas son sólo sus propias opiniones y que nadie ha sido autorizado a sugerir que éstas sean compartidas por Su Majestad el Rey o su Casa. Entendemos que es oportuna esta aclaración, agradeciendo que sea publicada. Le saluda con gran afecto, el vizconde del Castillo de Almansa».

Cuando apenas falta un mes para el enlace de Haakon y Mette-Marit, el debate sobre la «libertad» de un heredero para casarse con «cualquiera» cobra peso en la opinión pública española. El pueblo que se siente más *juancarlista* que monárquico, cree que los derechos y privilegios que disfruta la Realeza implican necesariamente deberes y obligaciones. En un acto informal, el propio presidente del Gobierno, José María Aznar, habla sobre el asunto de la boda con el Príncipe. Aznar, cuya relación con el Rey Don Juan Carlos no es demasiado fluida, trata de convencer al joven Borbón de que su decisión puede hacer saltar la Monarquía por los aires y que, de continuar en su empeño, «habría que cambiar las reglas». Pero el Heredero no atiende a razones y el presidente, tras el encuentro, sale con la certeza de que el anuncio de la boda es imparable. Así se lo transmite, preocupado, al Rey Don Juan Carlos.

El 25 de agosto, en la celebración de la boda del príncipe Hakoon y Mette-Marit en Oslo, Don Felipe pasea su amor con Eva Sannum en presencia de la realeza europea, incluida la reina Doña Sofía. Dos días después, nada más regresar a España, la Casa del Rey reconocerá a través de un comunicado que «existe una relación de amistad con Eva Sannum». La oficialización llega con cuentagotas pero el reconocimiento de la «relación de amistad» por parte de la Zarzuela significaba mucho más. Pese a que no eran las primeras fotografías de la pareja y, después de cuatro años de noviazgo, la Casa del Rey se pronunciaba al respecto de la naturaleza de la relación principesca. Faltaba muy poco, apenas unos meses, para que se anunciara el compromiso matrimonial.

Tras la caída de las Torres Gemelas el 11 de septiembre de 2001, con el brutal atentado que estremeció al mundo entero, las esperanzas de Felipe de anunciar su matrimonio con la noruega se desmoronan. Lo que en principio considera un aplazamiento temporal del anuncio de su boda ante la complicada situación internacional que se vive, se convertirá en el final de su sueño.

Y por una ironía del destino, el ataque de Bin Laden al World Trade Center, acabaría no sólo por dinamitar el orden internacional establecido, sino además un amor que había superado dificultades inimaginables. El amor de Don Felipe por Eva Sannum que le había llevado a enfrentarse con los Reyes y la sociedad española, no podría sobrevivir al atentado terrorista planeado por Abu Atta. El anuncio de una boda real no podía producirse en medio de semejante caos mundial.

«El estruendoso derribo de las Torres Gemelas impuso una especie de tregua apocalíptica sobre cualquier mundanal asunto que no fuera velar a los muertos y perseguir a los culpables, En ningún rincón de la civilización occidental, incluida España, había estómago emocional ni margen protocolario para anunciar un compromiso principesco. Por eso, y sólo por eso, el cruce del Rubicón se pospuso. Primero por unas semanas, después indefinidamente. En el ínterin, el propio Rey Juan Carlos, tal vez horrorizado por haber escuchado de labios de la mismísima joven nórdica que la polémica en marcha podía venir muy bien a la Monarquía, se habían sumado a voces como la ya glosada, echando toda la carne en el asador, aún a costa de ver caer por el camino al Jefe de su Casa, Fernando Almansa, a la sazón portavoz y mensajero de su *diktat* como *pater familia*.» (Pedro J. Ramírez, *El Mundo*, 9 de noviembre de 2003)

El Príncipe español no tuvo más remedio que renunciar a la posibilidad de contraer matrimonio con la modelo nórdica, y anunciar en diciembre de 2001 la ruptura de un noviazgo que jamás había sido reconocido oficialmente. Apenas un mes antes, su padre el Rey Juan Carlos había enviado en audiencia oficial a su Jefe de la Casa, Fernando Almansa, para poner punto y final a aquella historia de amor.

El otoño llegaba a su fin mostrando la desnudez del paraje natural del monte de la Zarzuela, situado a cinco kilómetros de la capital del país, donde se ubica la residencia de los Reyes de España. Don Felipe observaba, a través de la ventana de su despacho, el privilegiado espectáculo que le brindaba la Naturaleza, cuando el jefe de la Casa del Rey llamó a la puerta con sus característicos y rítmicos golpes con los nudillos. Después de nueve años al servicio de Su Majestad, el fiel diplomático atravesaba el umbral sabedor de que la tarea que le llevaba al despacho del príncipe iba a ser una de las más difíciles y amargas de su vida.

En la breve reunión el diplomático y le recuerda a Don Felipe el artículo 57 de la Constitución. Almansa le advierte que la Carta Magna establece que podría perder los derechos sucesorios si contrajese matrimonio «con la expresa prohibición» del Rey y del Parlamento. Así de claro le deja a un Felipe enamorado hasta la médula, que el Soberano, ejerciendo su derecho, se oponía a una boda que el 70 por ciento de la sociedad española rechaza, además, frontalmente. Don Felipe sabe que es una decisión irrevocable y que nada de lo que él dijera o hiciera cambiaría el rumbo de su propia historia.

En unos minutos, exactamente lo que tardó el mensajero Real en exponer la cuestión, se forja con dolor, la reacción de un apesadumbrado Heredero. El Príncipe aprieta los dientes y trata de contener la ira que siente. Almansa no disimula la satisfacción que le produce la decisión tomada por el Rey, incluso se permite algún comentario que contraria especialmente a Don Felipe, pero éste no le daría el gusto al diplomático de ser testigo de su desesperada aflición.

Desde la superioridad que le proporciona su condición y su altura, Don Felipe observó detenidamente al Vizconde del Castillo de Almansa. Casi una década al servicio de la Corona en la que su cabello se había cubierto de canas, el abnegado servidor del Rey le devolvía la mirada con todo el respeto que debía a su principesca condición, pero con la convicción de que la dolorosa tarea encomendada por el Monarca era la salvaguarda del futuro de la Monarquía Española.

El no olvidaba que sólo habían pasado veinticinco años desde que la dinastía Borbón recuperara el trono, por decisión del general Franco, en la persona de Don Juan Carlos. Fernando Almansa realizaba el servicio encomendado sabiendo que la decisión tomada por el Soberano era la única posible. La Orden Real era tan dolorosa para el Príncipe como necesaria para España, y él, monárquico convencido, sabe que detrás de la negativa del Rey a aceptar la apasionada relación de su hijo con la modelo, sólo se esconde su deseo de mantener la estabilidad institucional del país.

El Heredero tardará mucho tiempo en asumir el revés encajado y, herido en lo más profundo de sus sentimientos, no cesa en su búsqueda de los culpables de su dolor. Por supuesto, y aún sabiendo que el Vizconde del Castillo de Almansa no hace más que transmitir las órdenes de su padre, dos meses más tarde «matará al mensajero». Pero sin duda, Don Felipe culpa del fracaso a la prensa en general: periódicos, semanarios y programas de televisión han dado una imagen de frivolidad a su idilio y destruido la imagen de la mujer a la que amaba. Cronistas, editores, colaboradores puntuales, opinantes monárquicos o republicanos y, por supuesto, la mayoría de los presentadores y colaboradores de programas «rosas» son, para Don Felipe, los que han provocado en la opinión pública semejante rechazo a una mujer llena de virtudes, que jamás serán valoradas.

Su polémica relación sentimental de casi cinco años con Eva Sannum le dejaría marcado para el resto de su existencia y sería determinante en el desarrollo de los acontecimientos que, apenas año y medio después, culminarían con el anuncio por sorpresa de su boda con la periodista divorciada, Letizia Ortiz.

El Príncipe tiene treinta y tres años y su corazón agonizaba herido de muerte. Obligado a renunciar a la mujer a la que ama, ha aprendido una lección: ninguna de la que pudiera enamorarse superaría la prueba de someterla al juicio de la opinión pública, así que en adelante, hará lo imposible por proteger a sus futuras relaciones.

Felipe era consciente de que había sido la prensa la que había acabado con Sannum, mediatizando a la sociedad en su contra y él se sentía culpable por no haber controlado la situación, por no haberla protegido de la opinión pública y, sobre todo, por no haber reconocido la relación en el momento oportuno. Pero Eva no se iría de la reciente historia de España por la puerta de atrás, como todos querían. Él mismo se encargaría de que al menos aquella relación fuera, a su manera, oficializada. Se lo debía a ella, a esa mujer que nunca le exigió nada, que le había dedicado parte de su juventud y su vida, sin esperar nada a cambio. A ella, que nunca sería Princesa de Asturias, le debía su reconocimiento y gratitud. La modelo que vino del frío tendría su momento de gloria, le pesara a quien le pesara.

Aquella invernal mañana del 14 de diciembre de 2001, una docena de periodistas «elegidos» atraviesan el helado sendero que conduce a través de los montes de El Pardo a la residencia de los Reyes de España. Los gamos, jabalíes y liebres que habitan la Zarzuela se desperezan tímidamente al paso de la comitiva formada por los informadores y gráficos de los principales diarios españoles. Han sido citados para un «desayuno informal» con el Príncipe Felipe, pero la mayoría sospecha que la cita les deparará alguna sorpresa. Ya habían sido advertidos que el asunto central del encuentro será Eva Sannum. La persona que filtró la información no había querido dar más detalles. El interés por lo que Don Felipe pudiera decir sobre su relación con la noruega era enorme. No en vano, era la primera vez, si aquello era cierto, que el Heredero lo hacía.

El 14 de diciembre de 2001, en presencia de los que en ese momento más podía detestar Su Alteza Real, Fernando Almansa y los informadores de los medios de comunicación, el Príncipe inicia el monólogo más triste de su vida.

Tras dedicar unas palabras a otros asuntos de actualidad, el Príncipe anuncia su ruptura con Eva Sannum. Con naturalidad y emoción contenida, Don Felipe asegura rotundamente:

> «Eva y yo deseamos comunicar, de mutuo acuerdo, que no habrá compromiso en el futuro. Queremos anunciar que hemos puesto fin a nuestra relación, habiendo llegado a esta determinación después de reflexionar de manera íntima sobre ello. Tras ese periodo de reflexión, hemos decidido, que cada uno continuará su camino en la vida».

Tras beber un sorbo de agua, continuó: «Quisiera dejar claro que todas estas disyuntivas que se han insinuado entre querer y deber, entre corazón y razón, no me las he planteado en ningún momento en el caso de Eva Sannum. La relación no ha prosperado y punto». Al Príncipe le interesaba dejar muy claro que esta decisión no se debía al peso de la opinión pública y que no había habido presiones ni externas, ni internas. «Siempre he gozado –continúo Don Felipe– de la confianza de los Reyes, mis padres, en mi criterio, en el respeto a la voluntad y en la toma de cualquier decisión y añadió, lo resalto para acallar rumores y conjeturas».

El silencio es absoluto. Conscientes de la emoción que esconden sus palabras, nadie interfiere la declaración y Don Felipe continúa diciendo: «Quiero subrayar que Eva es una persona muy querida y admirada por mí y espero que podamos mantener una relación de amistad en el futuro».

Con un nudo en la garganta, mantuvo la serenidad cuando empezó a enumerar la larga lista de cualidades de la mujer que había sido su vida hasta entonces: «De ella –añadió– me gustaría destacar su fortaleza, su determinación, su sencillez, su sensibilidad, su sinceridad, su capacidad de superación, su sentido de la justicia... Y no sigo, porque no acabaría».

Y todavía envió un último mensaje a la prensa: «Me gustaría que dejaran tranquila a Eva, en su vida y en sus estudios».

Más vale tarde que nunca. Anunciando la ruptura de su relación conseguía tranquilizar a los más monárquicos, que veían amenazada la institución, pero Don Felipe se resistía a olvidar a la modelo noruega y a pesar de la ruptura, continuaron los encuentros furtivos. Casi un año después de esa ruptura oficial, en diciembre de 2002 y mientras la juventud española recogía chapapote en el puente de la Constitución, Felipe de Borbón viajaba a Londres para encontrarse con Eva Sannum.

Pasaría cuatro días con ella y los príncipes de Noruega, Haakon y su esposa, Mette-Marit. El gobierno español vive una crisis tras el hundimiento del petrolero *Prestige* frente a las costas gallegas.

La sociedad española se ha movilizado ante la catástrofe. Cientos de miles de jóvenes y no tan jóvenes de toda España se enfundan los trajes blancos y luchan contra el chapapote, Don Felipe y Hakoon hablan sobre el amor. Mette-Marit y Eva Sannun, aunque no son íntimas amigas como se ha dicho siempre, salen de compras al tradicional mercadillo de Portobello. Allí, unos fotógrafos inmortalizan a las dos noruegas que han provocado la mayor crisis que se recuerda, en la estabilidad de dos viejas monarquías. Felipe está preocupado, si alguien descubre que, un año después de anunciar la ruptura, se encuentra con ella, las consecuencias podrían ser tremendas.

Pero el destino daría un giro total a su vida. Regresaba al aeropuerto de Barajas mientras la reportera de Televisión Española, Letizia Ortiz tomaba un vuelo con destino a Galicia para cubrir la noticia del desastre. El petrolero que se había hundido el 19 de noviembre de 2002, después de un absurdo viaje en zigzag por el Atlántico, les uniría unos días más tarde.

A finales de diciembre, la bella Letizia fue enviada por TVE a Galicia. Allí coincidirá con Don Felipe, a quién había tenido ocasión de conocer personalmente dos meses antes. Ambos pisarán el negro manto de fuel que cubre las playas de la Costa de la Muerte. Don Felipe, con una cazadora roja y pantalón azul, vive en primera persona la magnitud del accidente, habla con las mujeres de los pescadores, con los voluntarios, con los enardecidos hombres del mar que se quedan sin su medio de vida, con políticos. Pero no habla con ella, la periodista de la tele a la que había conocido dos meses antes en la casa de Pedro Erquicia. Sus miradas, coincidirán en la lejanía, aunque en aquel momento sólo tuvieran ojos para asombrarse ante el impresionante espectáculo de la mar teñida de luto. En la inmensidad del Océano Atlántico, las 70.000 toneladas de fuel vertidas por el maldito petrolero adquirían una dimensión infinita. Letizia y Felipe, absortos ante la contemplación del mar, eran sólo un hombre y una mujer que compartían el mismo sentimiento de pesadumbre y tristeza ante lo que sus ojos estaban viendo. Mirando el azul que tanto amaban, se olvidaron por un momento de sus corazones, ante aquella catástrofe. Sus grandes preocupaciones hasta ese momento, sus más íntimos sentimientos, en los que el amor y el desamor mantenían una titánica lucha por la supervivencia, no era nada comparable con el desastre marino que tenían ante ellos. Todavía ninguno de los dos tenía el corazón libre para enamorarse.

Un año después, sólo tendrían ojos el uno para el otro.

Capítulo 4

EL ROMANCE CLANDESTINO

La cita a ciegas

Octubre de 2002. Letizia acababa de volver de cubrir el primer aniversario del atentado contra las Torres Gemelas en Nueva York y estaba a punto de marcharse a Galicia tras el desastre del Prestige cuando conoce al Príncipe de Asturias. El determinante encuentro ha dado ya mucho que hablar sobre si fue fortuito o propiciado para agradar al príncipe, quien ya se habría fijado en ella en sus frecuentes apariciones en pantalla.

Aquella fue una cita a ciegas. De esas que preparan los amigos a un chico y una chica que no están emparejados. El celestino: Pedro Erquicia. El Príncipe y el periodista estrecharon su relación a raíz de la entrevista televisiva que este le hizo con motivo de su treinta cumpleaños. Así que Don Felipe lo llama y le pide que organice una cena para conocer a Letizia. Esta no sería la primera cena del príncipe en casa del director de Documentos TV. Ya había estado en alguna otra celebrada anteriormente. Erquicia es amante de reunir de vez en cuando a un puñado de amigos, todos profesionales y de cierta talla intelectual. Pero sí sería la primera en la que encontraría Letizia

Ortiz. Así que se puso en marcha y fue citando a los invitados de aquella primera cena un par de semanas antes para que hicieran un hueco en su agenda. En ninguna de las llamadas advertía de la posible asistencia del Príncipe de Asturias. Así llegó octubre y el día 17. Entre las 16 personas invitadas, el empresario Juan Abelló y su mujer, Ana Gamazo; el director de cine Emilio Martínez Lázaro y su esposa, los periodistas Fermín Bocos, Luis Mariñas y Beatriz Pérez Aranda, el hermano del anfitrión y el realizador Manuel Rubio, subdirector de Informe Semanal. Precisamente con este último llegaría Letizia a la cita. Rubio le comentó a la asturiana que su mujer no se encontraba bien y que no podía acompañarle y le pidió que lo hiciera ella. La periodista no lo dudó un segundo. Ese verano sustituía a Baltasar Magro en Informe Semanal. Letizia Ortiz, el nuevo fichaje de Televisión Española entra en contacto con un círculo más influyente del mundo periodístico. Ese círculo, sin duda alguna, se iba estrechando.

En el precioso piso del barrio de Salamanca, uno de los más distinguidos del centro de Madrid, donde se iba a producir el encuentro estaba todo preparado para las nueve y media de la noche. Los elegidos fueron llegando. Viejos amigos, compañeros de trabajo, todos habían comenzado las charlas, los corrillos y apuraban el aperitivo. Los minutos pasaban. ¿A qué esperaban? ¿Faltaba alguien? Quedaba un invitado. El príncipe se retrasaba pero por fin se unió a la selecta reunión. Llegó acompañado de Jaime Alfonsín, jefe de su Secretaría, y de su mujer, Natalia. Tan sólo dos de los presentes rompían la media de edad, eran más jóvenes y estaban desemparejados. Así que llegó la hora de sentarse, aunque la cena servida era un bufé frío, y Erquicia pidió a Letizia que lo hiciera junto a Don Felipe. Los demás no podían sospechar que esa puesta en escena estaba perfectamente organizada y planeada para que el hombre más alto de la reunión conociera a esa chica en la que ya se había fijado. La cita a ciegas estaba en marcha y además funcionaba. Los jóvenes estaban encantados. Congeniaron enseguida y no pararon de hablar. Se les veía a gusto y sonriendo sin cesar. Hablaron de sus respectivas recién adquiridas viviendas: él, de la maravillosa construcción de 1.700 metros cuadrados, cercana al Palacio de la Zarzuela, y ella de su piso de dos habitaciones en Valdebernardo, (en el modesto distrito de Vicálvaro) que cabía en el dormitorio principal de la casa del Príncipe. Hablaron de Nueva York y del aniversario del atentado del 11S, y de la catástrofe del Prestige, asunto que ella abordaría en una próxima cobertura. También de Barenboim, Miller, y Woody Allen, algunos de los galardonados con el premio Príncipe de Asturias que se entregarían solo unas semanas después, acto que la periodista también cubrió para TVE. La charla se prolongó hasta la una de la mañana. El hechizo se consumó. El príncipe había encontrado a su princesa.

Sin embargo, los protagonistas de esta increíble historia no volvieron a coincidir hasta dos meses después: Galicia vivía el desastre del hundimiento del petrolero Prestige con setenta y siete mil toneladas de fuel en sus entrañas y Don Felipe visitó en diciembre la zona en calidad de Heredero de la Corona. Letizia se desplazó con un equipo de TVE para cubrir la catástrofe en la que ya había implicados miles de voluntarios que doblando el espinazo se agrupaban en diferentes puntos de la costa gallega para arrancar, con sus propias manos, el chapapote que impregnaba barcos, puertos marineros y gran parte de las playas. Pero la cosa no llegó a mayores. Pasarían todavía algunos meses más hasta que el romance comenzara a tomar forma. Además, Don Felipe arrastraba aún el recuerdo de Eva Sannum y Letizia mantenía una relación con el periodista David Tejera.

La huella de Eva

Los aficionados al esquí en Baqueira extrañaron a Don Felipe en esa Navidad de 2002. No sería la primera vez que faltara a su cita anual con la elitista estación del Valle de Arán. En diciembre de 2001, recién anunciada la ruptura con la modelo noruega Eva Sannum, el Príncipe se perdía en algún lugar cálido al otro lado del Atlántico, lejos de los objetivos de la prensa. No tenía ganas de ver a nadie y mucho menos de que le vieran. La dolorosa decisión de romper con Eva dio un giro total a su vida y prefirió marcharse con sus amigos a la playa que quedarse en España a celebrar el Fin de Año con su familia. Al año siguiente sí viajó a Baqueira pero lo haría pasadas las fiestas navideñas para practicar el esquí, relajarse y quizá reflexionar sobre qué hacer con su vida. Ese sería un año decisivo. Diez meses después conocería a Letizia en casa de un amigo muy especial.

Durante algún tiempo el Príncipe y la periodista no tienen contacto. En marzo de 2003 salta la noticia que relaciona a Don Felipe con la aristócrata Diana Martínez Bordiú. Una estrecha amistad que duró muy poco pero que fue cierta. Estaba claro que «Didi», aunque fue presa de la atención y objetivo de la prensa especializada durante un tiempo y respondía al tipo de chica que le gusta al Príncipe, no era su princesa. Además de los rumores que le relacionan con «Didi», a nadie se le escapa que Eva Sannum ya es historia, aunque la simple mención de su nombre seguía provocando intensos debates. La noruega había visitado en enero Barcelona, en compañía de un grupo de amigos. En ese viaje no se vieron. Después, volvería en junio, contratada como jurado del concurso de nuevos diseñadores Gillette para promocionar la línea femenina de la histórica marca de afeitadoras. Eso fue definitivo. No había duda de que su historia de amor con Felipe de Borbón pertenecía sólo al pasado. La modelo aterriza el jueves 19 procedente de Niza, donde se celebra el Festival de Publicidad de Cannes, con el tiempo justo para cambiarse de ropa y maquillarse. Eva llega al Círculo de Bellas Artes de Madrid, en medio de una enorme expectación informativa.

Distante y fría, no guarda buen recuerdo de aquellos que ahora le enfocan con sus teleobjetivos para captar la imagen de la que un día fuera la reina del corazón del Heredero español. La prensa, que tan duramente la ha juzgado, es la responsable de su ruptura con el Príncipe Felipe y ella no tiene problema en mostrar sus sentimientos al resto de miembros del jurado, la mayoría periodistas de revistas y semanarios femeninos. Tras el breve acto, Eva abandona el hermoso edificio de la calle Alcalá y se dirige en un Mercedes al discreto hotel La Moraleja, situado a las afueras de la capital, muy cercano a la lujosa urbanización que lleva el mismo nombre. No recibe ninguna visita, ni del Heredero ni de ningún otro amigo. A las siete de la mañana se encuentra en el aeropuerto de Barajas para tomar el primer vuelo de regreso a Cannes. La ruptura es definitiva y ambos tratan de superarlo.

Don Felipe empieza a salir cada día más, sus amigos le presentan nuevas candidatas. Pero el Heredero no quiere más modelos extranjeras en su vida. Fue cuando lo intentó con Diana Martínez Bordiú pero no funcionó.

Irak y el amor

Después, Cristine, una modelo alemana, también prototipo de su canon de belleza, rubia, alta y delgada, fue la comidilla de muchos que pretendían relacionarle con el hijo menor de los Reyes de España. Pero aún coleaba en algunos programas de televisión que el Príncipe todavía no se había recuperado de su ruptura con la noruega Sannum. Él mismo lo comenta con sus amigas alemanas Ivonne y Cristine. Don Felipe está resignado y triste. Su corazón sufre por Eva e inicia una hermosa amistad con Cristine que se interrumpe cuando la alemana se marcha de Madrid. La última vez que se ven fue pocos días antes de la visita del Papa Juan Pablo II a la capital, el primero de mayo. El Príncipe les entrega unas invitaciones en la casita azul del elitista barrio de El Viso, pequeña y carísima en la que residen las alemanas, para que asistan desde un lugar privilegiado a la Misa que el Santo Padre celebrará el domingo en la plaza de Colón.

Sólo aparecía una pequeña nueva ilusión en la vida de Don Felipe: una mujer guapa, periodista y de dicción perfecta que desde Irak se colaba en la retina del Heredero casi cada noche, a través del televisor. Sus crónicas, su presencia en la pantalla le cautivaban. Tras la toma de la ciudad de Bagdad por parte de las tropas estadounidenses, el Ejército español envía un contingente de soldados a bordo del buque Galicia. TVE decide que Letizia Ortiz viaje a Um Qasasr, al sur de Irak, junto a su compañera Raquel González. El equipo se instaló primero en un hotel de Kuwait. Desde allí partían cada día para realizar crónicas no más allá de 100 kilómetros a la redonda. Había que regresar en el día y mantenerse alejado de la zona del conflicto, donde los tiros y explosiones no cesan, de hecho, dos periodistas españoles José Couso, cámara de Tele 5 y Julio Anguita Parrado, enviado especial del diario El Mundo, encontraron la muerte mientras cumplían con su trabajo. Es a la vuelta de ese viaje cuando el Príncipe decide llamarla.

Letizia regresa a bordo de un Hércules de las Fuerzas Armadas junto al resto del equipo de Televisión Española y compañeros de Telemadrid, Diario Expansión, Radio Nacional,

CNN Plus y El Mundo. Con ellos viaja también una compañía mixta de marinos y soldados de Tierra. El avión aterriza en Madrid la mañana del 26 de abril tras veinte horas de vuelo. Se encuentran agotados pero, por fin, ya en casa.

Siete días después, en pleno puente de mayo, Letizia se encontrará con «su» Príncipe. Don Felipe no espera ni un minuto más y la telefonea. Cita conseguida. Seguro que la bella periodista tiene mucho que contar después de vivir un mes y medio en aquella zona, ahora capital mundial de la guerra. El Príncipe está realmente intrigado y ella acepta, seducida por la idea de conocerle más, y se esmera en estar perfecta para esa noche. Escogió meticulosamente la ropa, algo informal pero que siente bien; se maquilló poco, como siempre, e intentó guardar sus nervios en el bolso. La pareja queda a cenar y después se reúne con amigos en un discreto bar de copas del centro de Madrid en el que cuenta con la máxima confidencialidad de su dueño. El lugar se ubica cerca de la Plaza de la Cebada y no puede entrar cualquiera; ahí está su gracia. Es un local muy exclusivo, propiedad de Lorenzo Queipo de Llano. Su decoración es espectacular, con muebles y objetos traídos expresamente de África, la gran pasión de Queipo. Las reservas sólo se admiten por teléfono, previa identificación, y en función de quien se trate, con hora y día determinado. Los camareros, vestidos con hermosas chilabas sirven combinados a 10 euros la copa. La entrada, un gran ventanal de cristal opaco permanece cerrada. Si alguien quiere acceder al interior debe identificarse de nuevo y, una vez admitido, entonces entrar. Desde luego nuestra pareja sabía donde iba. El Príncipe intuía que allí protegía su intimidad y que podría conocer a Letizia tranquilamente. Esa noche se comportan como novios: uno junto al otro, confidencias, miradas de complicidad, sonrisas y cariños. Quienes les ven, adivinan que Don Felipe está colgado de esa chica. No sería la última vez que se reunieran en ese recóndito local.

Poco después son vistos de nuevo en Fortuny, el selecto local del empresario Javier Merino, situado en la calle del mismo nombre. El restaurante Tere en la localidad madrileña de Pozuelo de Alarcón, a unos 15 kilómetros del centro de la capital, sería otro de los escenarios elegidos por el Príncipe para compartir con su enamorada. El dueño de esta reputadísima casa de comidas, Amancio, atiende personalmente a la clientela. En Casa Tere no hay mejor carta que la que él improvisa y te canta sin un sólo papel en la mano. Siempre aconseja lo mejor del día, vende su producto como nadie y ofrece caprichos para los paladares más exigentes. Con una decoración sobria y castellana, las paredes de Casa Tere albergaron más de un encuentro del Príncipe y la periodista.

Las citas comienzan a sucederse con mayor frecuencia. Pero Letizia no las tenía todas consigo. Podría ser un romance más del Príncipe, al fin y al cabo es un hombre bien parecido, inteligente, muy simpático y de conocido éxito con las chicas. ¿Qué mujer se resistiría a sus encantos? Ella aún no es consciente de lo que está pasando y es que el hijo menor de los Reyes de España, el Heredero de la Corona, se está enamorando de ella.

La sombra de Tejera

Aquellas primeras citas no trascienden a la prensa y ellos continúan viéndose, pero en su relación se interpone David Tejera, el hombre con el que la periodista mantiene una complicada relación de pareja desde hace más de dos años y que en esos momentos vivía sus horas más bajas. Letizia y David se conocieron en el ambiente periodístico. Él trabajaba en Antena 3 Televisión en la sección de Deportes de los Servicios Informativos. Esa circunstancia ha permitido conocer la imagen atlética y apuesta de Tejera, una vez anunciado el compromiso entre el Príncipe y Letizia, gracias a diferentes vídeos de su época de presentador. Ella finalizaba su etapa en CNN Plus y su mira apuntaba ya a Televisión Española. David, un tipo simpático pero reservado para sus cosas, y la bella e intrépida reportera se atrajeron como imanes. La pasión por el periodismo, el mundo de la tele, los amigos comunes y las ganas de triunfar eran algunas de las claves para que su relación se estrechara hasta tomar la decisión de convivir bajo el mismo techo. Y lo hicieron con ilusión pero no tardaron en llegar los problemas y la relación que les unía comenzó a sufrir grandes altibajos. En noviembre de 2002 Letizia viaja a Santo Domingo para cubrir la XII Cumbre Iberoamericana. En aquellos momentos su relación sentimental con Tejera vivía una profunda crisis. La mala suerte le acompaña en el viaje y pierde la maleta con toda su ropa y objetos personales. Sale de un Madrid en pleno invierno y aterriza en una ciudad donde el termómetro no bajaba de los 30º centígrados. Algunos colegas la recuerdan con lo puesto: un jersey de lana de cuello alto. Carmen Enríquez, compañera suya de Televisión Española, especialista en la Casa Real le presta alguna ropa para que su atuendo no resultara ridículo en la crónica que enviaría desde el caluroso Santo Domingo. La crisis con su novio desembocó en una separación de hecho. Sin embargo, ambos siguieron viéndose en un intento de retomar aquello que, meses después, moriría definitivamente.

Cuando la noticia del compromiso real aparece en los medios, David Tejera quiere desaparecer de la faz de la tierra y prácticamente, damos fe de que lo consiguió. Su afán de alejarse de la noticia y anular el protagonismo que le otorgaba la circunstancia de ser el ex novio de la prometida del Príncipe le mantuvo en paradero desconocido, con el teléfono móvil desconectado y fuera de la redacción durante algún tiempo. Él sabía mejor que nadie cómo escapar de la prensa y también supo como muchos de sus compañeros sellaron sus labios y ni siquiera le hablaron del tema, quizá por ese respeto a un amigo que los periodistas sabemos guardar cuando su estado de ánimo es mucho más importante que conseguir su testimonio. Tejera soportó estoicamente durante dos semanas el aluvión de noticias, los comentarios y las alusiones hacia su persona. Él sentía que su relación con Letizia era un asunto del pasado y que le pertenecía sólo a él. «No voy a hablar de ella. Es la única forma de olvidarme de este asunto y de que os olvidéis de mí», nos explicaba David cuando charlamos con él. Él asume su historia y punto. Y la asume en toda su dimensión. Muy correcto, sereno y con cierto tono de resignación, reconoció el papelón que le tocaba jugar sin que nada dependiera de él. Tan sólo tenía en su poder hablar o guardar silencio. Optó claramente por lo segundo. De nuestra breve conversación pudimos concluir, entre otras muchas impresiones, que es una magnífica persona, con una clara escala de valores y con un buen corazón. Un tipo herido, pero un buen tipo, sin duda.

La sombra de David se alargaría en la vida de Letizia hasta llegado el mes de junio de 2003. Con él acude a la entrega de los Premios de la Academia de Televisión el 7 de junio de este año.

Es de suponer que Don Felipe sabe de la existencia del periodista y del conflicto que supone para Letizia tener que elegir entre ambos. Con David Tejera o con cualquier otro hombre con el que la asturiana pueda compartir su vida, en el presente o en el futuro, podría llevar una vida anónima y por qué no, placentera. Pero si opta por Don Felipe y la relación es descubierta, dejará de ser un ser libre y anónimo para convertirse en la mujer más perseguida por la prensa y en pasto de las críticas más atroces. Ni Felipe ni Letizia pueden obviar lo difícil que es pasar por ese trance. La pareja extrema las precauciones en sus encuentros que cada vez son más frecuentes.

El temor a que su historia se filtrara y perjudicara su meteórica carrera en televisión, llevó a la periodista a tomar las riendas de la relación y sus propias decisiones. Quizá actuó como una mujer de treinta y un años que, con varios fracasos sentimentales a la espalda, decide no volver a enredarse con facilidad en un nuevo amor. Y probablemente eso fue lo que más atrapó al Príncipe, el que le tratara como a un hombre más, sin rendirse a la primera ante la sombra de su regio encanto. Ahora podemos decir sin equivocarnos que la estrategia de seducción de Letizia fue impecable.

Para sorpresa de muchos ella sentó las bases de una discreción muy controlada para proteger, además de la privacidad de la relación, su reputación profesional. Es curioso que sea precisamente Letizia quien pida al Príncipe que tome especiales medidas de seguridad para salvaguardar su imagen: la de la periodista del telediario. No quería bajo ningún concepto verse en la situación de acoso a la que se vio sometida la anterior novia del príncipe, Eva Sannun. Lo tenía muy claro. Su prestigio profesional, que tanto le había costado, no podía ser alcanzado ni malherido por el objetivo de los paparazzi. Ni siquiera por el Príncipe de Asturias. Así la pareja se hizo prácticamente invisible incluso para su círculo de amigos. Muchos de ellos tardaron en enterarse y sólo dos íntimos del Heredero, Álvaro Fúster y Javier López Madrid, conocían el romance. Pero hay quien asegura que el verdadero muro de silencio lo levanta un reducidísimo grupo de amigas de Letizia, colegas de profesión.

Ella no sabe qué hacer, se siente cada vez más atraída por Don Felipe y decide tomarse un tiempo para reflexionar. La atribulada Letizia se fue cuando llegó el calor, según publicaba el diario El País el pasado 9 de noviembre, de vacaciones a Costa Rica. Puso mar de por medio. Tenía que cavilar, consultar con la almohada sobre todo lo que estaba viviendo. En su maleta no faltó una libreta para anotar sus sentimientos y reflexiones. Allí compartió unos días con unos compañeros y luego decidió viajar a la selva. En Julio, apura sus vacaciones con una estancia solitaria en la Costa Brava y regresa impaciente a Madrid para encontrarse con Don Felipe. Es en verano cuando se refuerza y estabiliza la relación que los une. Ya no hay ningún impedimento a su derroche de sentimientos. En esa época la Familia Real intuye que hay una chica especial en la vida del Príncipe, pero nada más. No importa; lo que realmente cuenta es que se aleje de Eva. La madre de Letizia y su hermana Erica, sí saben que están juntos desde hace un tiempo.

El verano de Don Felipe en Mallorca fue este año realmente atípico. Durante el mes de agosto en el que la Familia Real se instala en el Palacio de Marivent, se le vio poco. El Príncipe tenía otros planes. Por las mañanas desaparecía del Club Náutico, cuando por la tarde regresaba de navegar, lo recogía un chófer y se esfumaba. Los periodistas destacados en la isla le recuerdan algún día en el Fortuna y visitando el velero Giralda. Nadie sabía donde se metía, excepto «su chica». El 28 de julio comenzaba la XXII edición de la Copa del Rey Agua Brava en el Real Club Náutico de Palma de Mallorca, muy cercano al centro de la ciudad. La Familia Real compite desde hace años en esta regata para clase crucero pero en esta edición no tuvo ninguna suerte ya que el Rey quedó en tercer lugar y el Príncipe, a la caña de la embarcación CAM, tuvo el triunfo a su alcance pero tras una polémica decisión, fue descalificado.

La primera pista sobre el paradero del Príncipe resultó ser falsa. Aparecen datos que indican que Don Felipe podría estar en el «Smoke Dragon», barco que utilizó la escolta de los reyes Abdalá y Rania de Jordania durante su visita a la isla en julio. Los periodistas que seguían la estela del Príncipe comprobaron que quien se refugiaba en aquellos camarotes era la modelo italiana Antonia Dell'Atte. Inmediatamente después del día 3 de agosto, fecha en la que finalizó la Copa del Rey, un barco bautizado Danae, con base en el Club Náutico de Barcelona, atracó en uno de los 1000 puestos de amarre del Club Náutico de Palma durante solo cuatro horas. Fue visto y no visto. La embarcación recogería al Príncipe de Asturias rumbo a un mini crucero con sus más íntimos amigos. Allí se encontraba Letizia. Don Felipe y su grupo suelen organizar cada año una escapadita después de esta regata. Pero en esta ocasión era diferente, no en vano había chica nueva a bordo. Ella sería la definitiva. En las aguas de Cabrera y embarcados en secreto, disfrutaron del sol y del mar, durante los pocos días libres que la periodista se pudo tomar, lejos de todas las miradas, fuera del alcance de los más experimentados fotógrafos que cada verano seguían sus pasos y con la complicidad de uno de sus amigos del alma. Ni un solo segundo de sus encuentros a bordo de ese barco, propiedad de una familia muy amiga del Príncipe trascendió a la prensa.

Don Felipe está enamorado y Letizia también, así lo atestiguan los que comparten con la pareja el estallido de su pasión. Letizia se entrega totalmente a Don Felipe, los dos saben que están hechos el uno para el otro, pero que tendrán que luchar contra viento y marea por esa relación. Además de su personalidad, a Don Felipe le gusta de Letizia su físico: sus rasgos angulosos, con una nariz que no oculta su ascendencia norteña, sus labios carnosos y sus camaleónicos ojos que mutan entre el verde y el azul grisáceo. Su cuerpo es espectacular, mide 1,75 y viste una talla 36-38.

El apoyo de sus amigos es básico, incluso a pesar de la sorpresa que causó en alguno que Don Felipe se enamorara de una chica tan lejana a su entorno. Sus encuentros, estudiados y secretos, se produjeron con su total connivencia en sus casas y en algún chalet situado a las afueras de Madrid. Así conoció Letizia, la chica criada entre Oviedo y Rivas Vaciamadrid al grupo más relacionado con don Felipe, a sus íntimos y a las mujeres de éstos, algo clave para él. Ellos han sido siempre un fuerte pilar, los mismos que en otros tiempos sustentaron otros amores y guardaron una discreción absoluta.

En agosto, ya en Madrid, Letizia le confiesa durante un almuerzo a una amiga, que está preocupada, agobiada y que necesita salir más. Su confidente no tiene idea a lo que realmente se refiere. El romance era una hecho y Letizia estaba confundida. Como en casi todo momento de esta fugaz relación, la insistencia del Príncipe y los pasos que iba dando eran definitivos. La cosa iba en serio.

El verano finalizaba cuando tomaron la decisión de casarse. Ya sólo quedaba presentarla a los Reyes. Y así ocurrió. Don Juan Carlos y Doña Sofía conocieron a la mujer que había robado el corazón de su hijo y que compartiría la Corona de España cuando la heredase. El príncipe la había elegido entre todas las mujeres.

Desde entonces, los que conocen a la periodista aseguran que algo cambió en ella. Seguramente ni ella misma sabía con certeza si ese maravilloso romance iba a prosperar verdaderamente. Aparentemente, todo seguía igual, sin grandes cambios: el Príncipe cumplía con su agenda y la nueva presentadora del telediario aparecía en pantalla, desde el día 8 de septiembre, cada noche a las nueve. Pero había algo en ella que se tornaba distinto lentamente y día a día, según relatan después algunos de sus compañeros más cercanos. Letizia dulcificó su sonrisa pero, a la vez, se volvió más reservada con su vida privada. Se mostraba muy contenta, en sus ojos había un brillo especial, en su bolso, un móvil privado para las exclusivas llamadas del Príncipe y en el garaje de su casa, un flamante Audi A3. Este último detalle tampoco llamó la atención de manera especial a sus compañeros porque desde que presentaba el telediario segunda edición, junto a Alfredo Urdaci, la periodista ingresaba, según cuentan sus amigos, unos 6000 euros netos mensuales. Sin duda, podía permitirse ciertos caprichos.

Hubo quien le preguntó directamente por ese misterioso novio que le hacía tan feliz pero ella contestaba con evasivas. En alguna ocasión, más relajada, Letizia comentaba detalles de «su chico» como «es muy importante pero no puedo decir quién es» o «tiene perros pero él no los pasea».

Cena en Calle 54

Muy pocos vivieron el romance y menos los que creían en él. Otro de los encuentros de la pareja secreta tuvo lugar en Calle 54 local de moda de la gente más *fashion* de la capital y que tiene lista de espera de un mes. Es uno de los favoritos de la farándula y el mundo de la cultura y entre sus socios figuran la periodista Concha García Campoy y su pareja, el productor de cine Andrés Vicente Gómez. Situado en el número 3 del Paseo de la Habana de Madrid, fue el lugar elegido por cinco íntimas amigas, todas periodistas, Gina, Cristina, Ana, Almudena y Letizia Ortiz para verse y charlar. La propia Gina Montaner escribe en Abc un artículo en el que relata sus impresiones del día que conoció a Felipe de Borbón ya como novio de su íntima amiga Letizia:

«Hasta hoy –5 de noviembre de 2003– guardé el secreto. Pero ya no tiene sentido... Entonces rememoré una noche de junio, cuando una serie de buenas amigas nos reunimos en un conocido restaurante de la capital española para celebrar el inicio del verano y despedirnos hasta septiembre. En mi caso se trataba de un adiós sentido, pues me marchaba al extranjero por un tiempo... Tras pedirnos total discreción, en aquella noche de risas y complicidades nos anunció que llevaba un tiempo saliendo con el Príncipe, quien al poco rato se sumó a la sobremesa y departió amablemente con nosotras. Antes de abandonar Madrid volví a hablar con ella y deduje que se trataba de una genuina historia de amor...».

Sin embargo, otras fuentes aseguran que esta cena no se celebró en el mes de junio sino en septiembre. A no ser que Letizia cenara con sus cuatro amigas y quedara con el Príncipe Felipe al término de la cena, en dos ocasiones, una en junio y otra en septiembre, podría parecer que intencionadamente se están filtrando datos para alargar en el tiempo la relación sentimental. Una fuente del restaurante, desmonta esta tesis al confirmar a unos periodistas que Letizia cenó en septiembre con cuatro amigas en el mencionado restaurante y que el Príncipe llegó a los postres. La pareja abandonó el restaurante observada por el atestado local; sin embargo, esa cita no trascendió a la prensa. Ya en plena vorágine informativa, cuando se confirmó el compromiso, otros periodistas contrastan la misma versión con otra fuente distinta también del local que confirma la presencia de Letizia con unas amigas en septiembre. El confidente no quiso pronunciarse sobre la presencia de Don Felipe. Lógicamente trata de preservar la intimidad de sus clientes, pero su respuesta es suficiente para que implícitamente se confirme que el Príncipe estuvo allí, con ella.

Ya finalizaba el tibio septiembre y un ligerísimo rumor sobre el romance llegaba a algunos periodistas muy bien informados. El veterano Tico Medina dio la primera clave el día 22, en el programa de Terelu Campos de Telemadrid.

New York, New York

A primeros de octubre, el Heredero tiene previsto un viaje oficial a Estados Unidos que empezará el día 6 en Washington con un almuerzo ofrecido por el Presidente del Banco Interamericano de Desarrollo. El día anterior, comunica a sus padres que quiere casarse con Letizia, que ella es su elección. Lo que realmente le dijeron los Reyes sólo lo sabe el propio Príncipe. Lo que sí pudo ver el resto del país es que, a pesar de haber concluido su viaje a Estados Unidos el viernes, día 10, con una cena en la Residencia del Embajador de España en las Naciones Unidas, don Felipe no regresó para el desfile del Día de las Fuerzas Armadas, el domingo, día 12. Muchos lo echaron de menos y nada justificaba el que se hubiera quedado en Nueva York. Pero para él claro que había una razón: un maravilloso encuentro con Letizia. La pareja pasó el fin de semana en la ciudad de los rascacielos, donde unas tres semanas antes, Letizia cubría el primer aniversario del atentado contra las Torres Gemelas. El sábado cenaron con Woody Allen y su mujer en su maravilloso apartamento de Manhattan. Abandonaron la gran manzana el domingo 12. Al día siguiente, Letizia aparecía puntual en la pantalla del televisor para presentar el telediario de las nueve de la noche junto a Alfredo Urdaci.

El fin de semana siguiente, los enamorados se encontraron, esta vez delante de las cámaras pero guardando celosamente su valioso secreto, en la entrega anual de los Premios

Príncipe de Asturias. Para Letizia debió ser verdaderamente excitante estrechar la mano de Don Felipe sabiéndose ya la mujer de su vida. El Heredero se acercó a la sala del Hotel Reconquista donde trabajaba la redacción de Informativos y saludó uno a uno a cada uno de los que cubrían la entrega de los premios. Pocos días después, él le enviaría una caja de bombones a la redacción de Informativos de Televisión Española. Ella contó a sus colegas que el Príncipe agradecía con este detalle la cobertura de los Premios.

El 31 de octubre, las crónicas de Rafael Manzano *El Búho,* en el programa de Iñaki Gabilondo de la Cadena Ser y de Jaime Peñafiel, en el programa *Día a día* de María Teresa Campos en Tele 5 darían nuevas pistas definitivas. Las alarmas se dispararon y ocho horas después de la crónica de *El Búho*, y pese a que el Gabinete de Prensa de la Casa del Rey se resistía a confirmar la noticia, las presentadoras Terelu Campos y Karmele Izaguirre se atrevían a dar en rigurosa primicia. el nombre y apellido de Letizia Ortiz en la pequeña pantalla.

Tres semanas después de la escapada a Nueva York, en su casa de Valdebernardo hay un gran revuelo. La chica del séptimo es la novia oficial del Príncipe de Asturias. Los vecinos cuentan que Letizia Ortiz es muy discreta, educada y sencilla. El que más la echará de menos es el portero, Gaspar Abascal, al que saludaba diariamente. El sábado 1 de noviembre, la vio salir a las seis de la mañana con una maleta de ruedas. Èl le preguntó que cómo iba a trabajar tan pronto y ella le contestó que iba a otra cosa «más complicada». Trece horas más tarde aparecía el comunicado que confirmaba su noviazgo con el príncipe Don Felipe. Los novios se habían escapado de nuevo. Gaspar, está feliz porque podrá contar a sus nietos sin mentir ni una pizca que la Reina de España le dedicaba todos los días, al salir de su casa, una bella sonrisa.

La radiante pareja se presentó ante la prensa el lunes, 3 de noviembre, cuando habían pasado pocos minutos de las seis y media de la tarde. Estaban exultantes de felicidad. El vestía traje oscuro y ella, pantalón negro y chaqueta de color marfil, firmada por el diseñador Adolfo Domínguez. Don Felipe confesaba, en el jardín trasero de su nueva residencia cercana al Palacio de La Zarzuela, estar enamorado: «Me da muchísima alegría manifestar lo feliz que me hace anunciar nuestro compromiso y lo enamorado que estoy de Letizia. Os digo con convicción que Letizia es la mujer con la que quiero compartir mi vida y formar una familia. Nuestro enlace permite dar continuidad a la Monarquía Parlamentaria como consagra la Constitución». Doña Letizia –en ese momento el «doña» se le antepuso automáticamente al nombre de pila– habló del profundo amor que les une y de la fuerza y la gana que pondría en el proyecto que para ellos comenzaba en ese instante en el que cientos de flahes iluminaban sus rostros: «Entiendo la sorpresa que ha causado esta decisión a casi todos. Pero es una decisión madura, fruto de reflexiones muy intensas y, sobre todo, con el peso y la solidez del profundo amor que nos tenemos y del proyecto común que iniciamos. Desde muy joven soy periodista y, hasta los 31 años que tengo ahora, he ejercido mi profesión con ganas, con ilusión y con fuerza. De esa misma manera, afronto lo que ahora iniciamos, con responsabilidad y vocación de servicio a los españoles».

Esa noche asistieron a un concierto que ofrecía el prestigioso violonchelista Mstislav Rostropovich en el Teatro Real de Madrid, en honor a los Reyes y con motivo del sesenta y cinco cumpleaños de la Reina Doña Sofía. Ya no tenían que esconderse de nada ni de nadie. Posaron de nuevo ante de los insaciables fotógrafos y se reunieron con los Reyes y la Infanta Doña Elena y su marido, Don Jaime de Marichalar. Fue en el momento en el que Letizia Ortiz Rocasolano cruzaba el umbral de la impresionante puerta del Palacio Real, donde los Reyes celebraron una cena posterior, cuando se sintió verdaderamente Princesa. Acababa de entrar en la Historia de España.

Capítulo 5

TÚ SERÁS MI REINA

Oviedo, ciudad de su infancia

La historia de Letizia es un auténtico cuento de hadas, pero no sólo para ella sino también para los españoles que han visto, de la noche a la mañana, como el Príncipe elegía personalmente a su princesa entre las mujeres de clase media, entre la gente corriente la llamada *ordinary people*. Podía haber sido cualquiera –cuántas periodistas han deseado encontrarse en su lugar ahora que ven a Letizia camino del Trono–. Pero no, sólo ella lo ha conseguido. Ni siquiera ella misma sabía cual era su destino hasta hace muy pocos meses. Fue una bomba, una sorpresa colosal. La joven que conquistó su corazón es una plebeya española que será reina de España.

Todos la conocen «del telediario» pero nadie sabe quién es realmente Letizia Ortiz Rocasolano, ese bello rostro de televisión que daba una imagen hermosa, sencilla y un tanto distante. Ni pertenece a la nobleza ni a las familias de la aristocracia. Su cuna es el periodismo, profesión en la que se educa desde pequeña. Letizia solía merendar con frecuencia en la emisora de radio ovetense en la que trabajaba su abuela.

Nació hace 31 años en el Sanatorio Miñor de Oviedo, a las seis y media de la tarde de un 15 de septiembre de 1972, en plenas Fiestas de San Mateo, Patrón de la ciudad. No hacía mal tiempo pero ya se sabe, en Asturias, a la tarde, siempre refresca. Don Felipe tenía entonces casi cuatro años e iniciaba su formación en el colegio madrileño Santa María de los Rosales, cerca del Palacio de la Zarzuela, en la zona noroeste de la capital.

Como una perfecta premonición, la futura reina que Don Felipe ha elegido vino al mundo en el Principado de Asturias. Este pequeño y antiguo reino del norte de la Península Ibérica no llega a los 11.000 kilómetros cuadrados de extensión y se encuentra custodiado por los ríos Eo y Eva. El paisaje de valles y montañas maravillosamente verde, favorecido por la humedad del cercano Cantábrico, deja huella en la feliz infancia y en los recuerdos de la niña Letizia.

Su familia vive en Oviedo, capital política y administrativa del Principado, situada en el centro de la región. Sus padres, un técnico de sonido, nacido también en Oviedo, y una enfermera titulada madrileña, la bautizaron en la parroquia San Francisco de Asís, más conocida como la iglesia Redonda. Letizia sería la primogénita de una familia compuesta por dos hermanas más: Telma y Erica. Los tres nombres fueron especialmente escogidos de la mitología por la madre de las niñas, Letizia, diosa latina de la alegría y el placer, Telma, del Olimpo griego y que significa amabilidad y Erica, de los germanos, la princesa honorable.

Nuestra futura Reina nace en la década de los setenta cuando Asturias vive una virulenta agitación política y social por los graves problemas del sector minero. Los accidentes en las minas se suceden casi a diario. En 1972, su año de nacimiento, cinco mineros mueren sepultados por una explosión de grisú. Un mes después, otros 26 quedan atrapados en las minas de Hunosa aunque finalmente son rescatados con vida. El sindicato SOMA UGT, que fundara Manuel Llaneza en 1910, se enfrenta al Gobierno. El Consejo de Ministros fija en 40 horas la jornada de trabajo semanal en el interior de la mina, un año después de nacer Letizia. La niña viene al mundo en una familia liberal, trabajadora y progresista, que vive muy de cerca esta problemática de la región, que ni siquiera hoy en día ha finalizado. Un minero de 28 años fallecía el 24 de noviembre de 2003 en un pozo de Mieres.

Ese mismo año se celebran dos importantes bodas en el país: la de la hija menor de los Condes de Barcelona, doña Margarita de Borbón con el doctor Carlos Zurita, en Estoril (Portugal), y la de don Alfonso de Borbón y Dampierre con la nieta del general Franco, María del Carmen Martínez Bordiú, en Madrid, bendecida por el arzobispo Don Enrique Tarancón, que había sido hasta un año antes obispo de Asturias.

Cursa estudios primarios en el colegio público La Gesta I, entre los seis y los trece años. Su expediente académico, número 3467, se firmó con la calificación de sobresaliente. En realidad ni a ella ni a sus dos hermanas les correspondía este centro por proximidad domiciliaria; vivían en la calle general Elorza. Pero su abuela, la periodista radiofónica Carmen Álvarez del Valle, sí tenía su casa a 100 metros del Gesta. Así que usaron el domicilio de su abuela para matricularse en el que entonces –actualmente a punto de cumplir cincuenta años– era el colegio más prestigioso de Oviedo. Muchas tardes su abuela, más conocida como Menchu Álvarez del Valle –persona muy influyente en la infancia y en la vida de Letizia–, una voz muy popular en el Principado, la recogía y la llevaba a la emisora de Radio Oviedo. Allí trabajaba también su padre, Jesús Ortiz Álvarez, como técnico de sonido. La niña hacía sus deberes rodeada de micrófonos y periódicos, mientras merendaba. No había cumplido los doce años cuando presentó un guión, junto a un grupo de compañeras en el programa matinal de los sábados *El Columpio* de Antena 3 Radio. Entonces, el director de la emisora era su padre. Su tía abuela, Marisol del Valle, trabaja en Radio Nacional de España. El periodismo se iba inoculando en sus venas al tiempo que su infancia quedaba atrás.

La abuela Menchu, una mujer a la que todo el mundo conocía en Oviedo –era de la radio y eso, en aquella época, era de lo más notorio y siendo mujer, aún más– pasaba muchos ratos con sus nietas. La madre, Paloma Rocasolano, trabajaba en el ambulatorio de la calle Las lilas y, a veces, cumplía guardias que le obligaban a pasar muchas horas fuera de casa. Como todas las abuelas que ejercen como tal, Menchu se quedaba con las nietas siempre que hacía falta.

Han pasado casi veinte años desde que Letizia correteara por los pasillos del colegio y su recuerdo se reaviva ahora que todos saben que aquella chiquilla rubia, de sonrisa traviesa, será la futura reina de España. Los profesores la recuerdan como una chica muy participativa. Colaboraba con entusiasmo en los festivales y en el que fuera el primer periódico del colegio. Ana Martínez, que fue tutora de la futura Princesa de Asturias, guarda en la memoria el día que las tres hermanas Ortiz llegaron acompañadas de sus padres para matricularse: «Recuerdo perfectamente cuando Letizia llegó a este colegio con sus padres y sus hermanas. Tres niñas monísimas que, además, eran nietas de Menchu Álvarez del Valle. Letizia se destacó siempre porque era una niña especial, muy expresiva, con unos ojos muy grandes, muy abiertos. Era muy lista. En clase se expresaba muy bien. Siempre sonriente, con buen carácter, hizo amigas con las que aún tiene relación. Guardamos todos un recuerdo estupendo y estamos encantados y orgullosos. Nos alegramos muchísimo cuando vimos su carrera fulgurante haciendo los telediarios. Tenía madera de periodista. Sus trabajos eran meticulosos; era una perfeccionista. Los que la conocemos estamos seguros de que será una gran reina».

Carmelo Bardón, actual director del colegio, se siente igualmente orgulloso: «Pasó aquí siete años de su infancia. Esperamos haber contribuido a formar su personalidad, que nos consta que es muy asentada».

De eso no hay duda. Uno de los primeros rasgos que destacan en ella es el de su fuerte personalidad y carácter. Aquella niña participativa, inquieta, y preguntona es hoy una mujer de formación sólida, ambiciosa y segura de sí misma.

Eso sí, su carrera ha cambiado: el periodismo, su pasión desde la infancia, cede el sitio de su corazón al Príncipe y a la Corona.

Aunque la directora del Joven Ballet de Asturias, Marisa Fanjul, reconoce ahora que podría haber sido un buena bailarina cuando formó parte del Petit Ballet: «Era una niña con grandes condiciones para la danza y poseía una gran elegancia natural», declaraba la profesora a la revista Hola en el número publicado el 22 de noviembre. De hecho, su madre hizo sus pinitos en esta disciplina aunque tampoco logró destacar.

Tras acabar la EGB en el colegio Gesta, Letizia cursó 1.º de BUP en el Instituto Alonso de Oviedo. En las clases de ese centro, Letizia cerraría una etapa de su vida. El parque, la casa de la abuela Menchu, su habitación del piso octavo de la calle Elorza, su amiga Miriam, la emisora de radio, el periódico del colegio, los chicos de la pandilla... Todo se quedaría en la bella Vetusta que con tanta devoción describe Leopoldo Alas en su novela *La Regenta*. Al año siguiente se trasladaría a Madrid. Asturias viviría entonces una huelga General en pleno conflicto por la reconversión industrial.

El Príncipe Felipe cumplía la mayoría de edad y jura la Constitución el 31 de enero de 1986, en presencia de toda la Familia Real y ante las Cortes Generales. Dos años antes cursaría COU en el Lakefield College en Ontario (Canadá). Era la primera vez que se separaba de su familia y, sobre todo, de su querida madre, la Reina.

Don Javier, párroco de la iglesia del Cristo de Cadenas, describe la emoción de los feligreses al conocer la noticia del compromiso real. Letizia tomó allí la primera comunión, el 16 de mayo de 1981. Fue un día feliz, en el que la niña, con ocho años, acudió a la iglesia como lo hacían antes los niños, solitos y en familia, no como ahora que suelen hacer la Primera Comunión con toda la clase lo que se convierte en una celebración comunitaria y con muchas familias en las iglesias. La pequeña vestía un traje blanco clásico de organdí, con corona, medalla y limosnera. «Aquí se bautizó también una hermana y se casaron sus padres. Eso consta en los archivos, en los libros de las inscripciones», continúa orgulloso. «La pena es que no haya registros de Primera Comunión». Recuerda con cariño a la abuela. «Menchu Álvarez del Valle es una mujer de reconocida fe cristiana a la que apreciamos mucho en la parroquia».

Su madre

Su madre, Paloma Rocasolano Rodríguez, es madrileña y enfermera. De ella ha heredado su espíritu combativo. Tiene cincuenta y un años, es divorciada y madre de tres hijas.

En los setenta, Paloma cursa los dos primeros años de estudios en el madrileño Hospital Gregorio Marañón. Después en Asturias, el tercer año en el Hospital General. Son momentos complicados. Paloma está ya embarazada de Letizia y trabaja y estudia a la vez. Cuando nace la niña llegan las noches sin dormir, las comidas cada tres horas y por la mañana, el ambulatorio. La dictadura franquista da sus últimos coletazos y no es muy común que una señora trabaje fuera de casa. Desde luego, no eran tiempos fáciles para la mujer. Durante la infancia de sus hijas, Paloma cubría un puesto de enfermera en el ambulatorio de la calle La Lila, cerca del domicilio familiar en la calle General Elorza. Después, cuando la familia se traslada a Madrid, trabaja, curiosamente, en el Hospital Príncipe de Asturias, en Alcalá de Henares. Su profesión le ha apasionado siempre. Pero dejará de ejercer la enfermería en 1991, fecha en la que centra sus esfuerzos en las reivindicaciones del sector.

Se separó al día siguiente de que su hija mayor contrajera matrimonio con Alonso Guerrero. La boda de Letizia con un profesor de Literatura fue el detonante que reventó su vida de casada. Su marido se oponía frontalmente al matrimonio de su hija favorita, en la que tenía depositadas grandes esperanzas en el ámbito profesional, con un maestro de Literatura, diez años mayor que ella. Pero la niña estaba enamorada y dispuesta a luchar contracorriente. Sólo su madre la apoyó. Las discusiones del matrimonio Ortiz Rocasolano se habían hecho ya insoportables. Acompañaron a su hija el día de su boda y al día siguiente tomaron caminos separados.

Enfermera y sindicalista por vocación, es la delegada del sindicato del sector SATSE en el área 1 de atención primaria. Desde que en 1991 dejara de ejercer como enfermera, su trabajo consiste en recorrer los ambulatorios de la zona sur de Madrid y defender los intereses de cerca de 350 sanitarios de los distritos de Vicálvaro y Vallecas, ambos no exentos de problemas sociales y sanitarios. «Es una negociadora muy dura. Muy comprometida y reivindicativa; sabe ser afable y cordial» –comenta de ella María Jesús Calvo, directora de enfermería del Insalud en Vicálvaro. Todos los lunes Paloma Rocasolano se reúne con el resto de los delegados de atención primaria. El primer lunes después del anuncio de la Boda Real la delegada no acudió. Sus compañeros entendieron el motivo.

Desde ese 1 de noviembre en el que los españoles nos encontramos que la futura reina había salido de la pantalla del televisor y que la Casa del Rey anunciaba su compromiso matrimonial con Don Felipe de Borbón, la madre de la novia permanece atrincherada en su casa del barrio madrileño de Moratalaz, –de clase media-media, situado al sureste de Madrid– en donde vive con Erica, una de sus hijas, su yerno, Antonio Vigo, y su única nieta, Carla. Durante las primeras semanas, además de atender cientos de llamadas, Paloma Rocasolano pasa el día delante de la tele, viendo todos los informativos, los programas especiales y las tertulias que acaparan la programación de la mayoría de cadenas españolas. La sindicalista intenta asimilar, sin salir todavía de su asombro, que su hija mayor será la Reina de España. Nunca, ni en la hipótesis más surrealista se hubiera imaginado algo así para su hija, que fracasó ya en su primer matrimonio. «Estoy bien; encantada y muy contenta –reconocía el mismo día que se celebró la petición de mano y que apareció, por primera vez, delante de las cámaras–. Mi vida no ha cambiado; lo que cambia es la vida de mi hija». Ella lo sabía todo, sabía que su hija tenía un novio muy especial, a quien, además, ya conocía. «Esas son cosas que se cuentan a una madre», reconoce orgullosa.

De clase trabajadora, los padres de Paloma, y abuelos maternos de Letizia, residen en Alicante desde su jubilación. Francisco Rocasolano, que trabajó toda su vida como taxista en Madrid y su mujer, Enriqueta Rodríguez, pescadera y ama de casa entregada a su marido y su familia, no se enteraron de nada hasta que la noticia saltó en los medios. Ellos sí que esta-

Letizia Ortiz Rocasolano, la primera Princesa de Asturias en portada de la revista francesa *Paris Match,* publicada el 6 de noviembre de 2003, cinco días después del compromiso.

Felipe de Borbón, durante el verano de 1975, a los siete años de edad, en Palma de Mallorca en dos instantáneas que recogen algunos momentos de sus vacaciones.

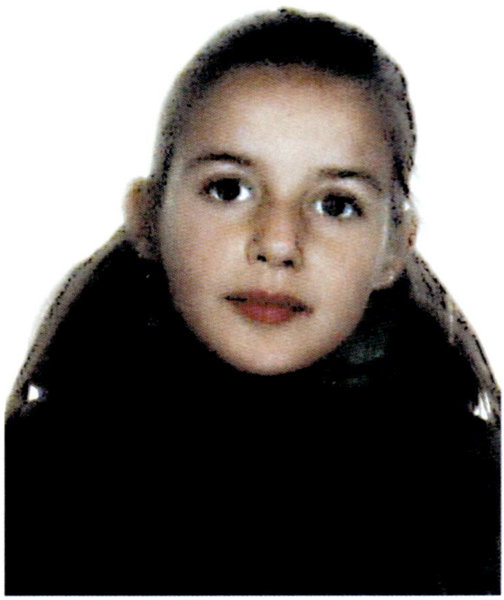

Letizia durante su infancia. Las fotografías pertenecen a la ficha escolar del colegio Gesta de Oviedo, donde la prometida del Príncipe cursó estudios primarios.

Aficionada a la danza, formó parte durante unos años del Ballet Petit Asturias de Oviedo a cargo de Marisa Fanjul. En la foto, durante una representación en el Teatro Campoamor junto a sus compañeras.

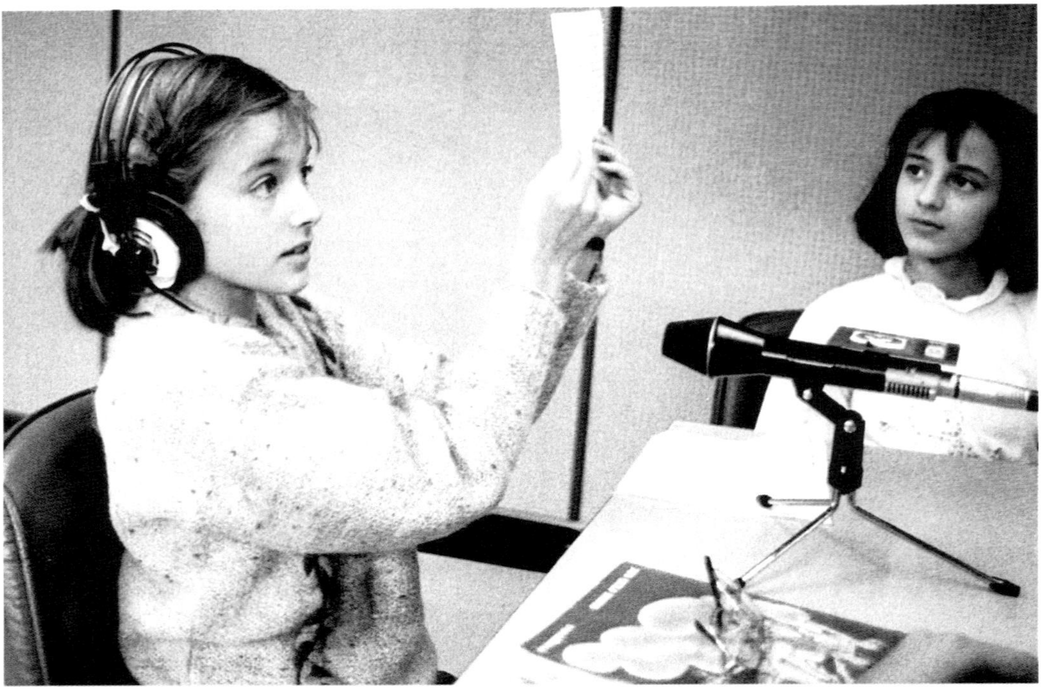

Con tan sólo diez años, la pequeña periodista presentó un guión, junto a sus compañeras de colegio, en el programa matinal "El Columpio" de Antena 3 Radio en Oviedo.

Cuatro personas que han dejado huella en la vida de Letizia: su abuela materna, Menchu Álvarez del Valle; su padre, Jesús Ortiz; su madre, Paloma Rocasolano y su ex marido, Alonso Guerrero.

Jesús Ortiz, padre de Doña Letizia, pasea por Ribadesella, al día siguiente de la petición de mano, con su madre, Menchu Álvarez del Valle, y su novia, la periodista Ana Togores.

Don Felipe, en la universidad americana de Georgetown de Washington, donde cursó en 1994 un máster en Relaciones Internacionales. Dos años después, Letizia ampliaba sus estudios con un máster en Periodismo Audiovisual en una escuela privada de Madrid. La fotografía pertenece al registro de matrículas.

Ortiz Rocasolano, Letizia

Soriano Fernández, Cristina

Iriarte Madruga, Gabriel

Presentó la Campaña de Información del Euro de Televisión Española.

En la orla de la Facultad de Ciencias de la Información de la Universidad Complutense de Madrid, junto a una de sus amigas más cercanas, Maya Síminovich.

La periodista desarrolló una carrera meteórica en Televisión Española, que inició en el año 2000. Tras presentar el informativo matinal, pasó por el prestigioso *Informe Semanal* y después a los telediarios de primera y segunda edición.

Bello primer plano de la periodista prometida, futura Princesa de Asturias, que a la pregunta de cómo se declara un Príncipe, contestó: "Como un hombre que ama una mujer".

En la Catedral de la Almudena se celebrará la boda del Príncipe de Asturias con su prometida, Letizia Ortiz Rocasolano. Será el primer matrimonio que se celebre en la nave central de este templo moderno, con interior gótico, cuyas obras finalizaron en el año 2001.

La futura Princesa de Asturias en el interior de su coche (arriba), acompañada por su hermana Telma, al día siguiente de la petición de mano. Doña Letizia fue a recoger algunas pertenencias a su piso de Valdebernardo, de donde se ha mudado al Palacio de la Zarzuela por motivos de seguridad.

Detalle de la sortija que Don Felipe regaló a su prometida como regalo de compromiso. La joya, una alianza de oro blanco y brillantes tallados en *baguette*, de joyería Suárez, es, en palabras del Príncipe, "un diseño moderno".

Letizia vive sus últimos días antes de ser la prometida del Príncipe de Asturias. Un comunicado de la Casa Real ha anunciado el compromiso.

La periodista presenta junto al director de los Servicios Informativos de Televisión Española, Alfredo Urdaci, el Telediario Segunda Edición, el de mayor audiencia del país.

El Príncipe de Asturias estrecha la mano de su todavía secreta novia, en presencia del director general de RTVE, José Antonio Sánchez, durante un encuentro con la prensa en la última edición de la entrega de premios que llevan su nombre. Fue la única imagen de la pareja hasta que posaron públicamente tras anunciar el compromiso.

Palacio del Pardo. 6 de noviembre de 2003. Doña Letizia Ortiz Rocasolano mira con ternura al Príncipe, con quien se acaba de comprometer. La estatura del hombre que la convertirá en Reina la obliga a alzar la mirada.

S.A.R. el Príncipe Felipe de Borbón y Grecia, sonriente, feliz y enamorado el día de su compromiso matrimonial: "Significa sobre todo continuidad, permite que haya un eslabón más en la cadena dinástica, engarzándonos así con la Historia".

La obligación y la devoción se intercalan en la vida del Príncipe. De pequeño, durante un día de juego en Mallorca; cumplida la mayoría de edad, Don Felipe recibe la visita de su abuelo, el conde de Barcelona, durante su formación en el Juan Sebastián Elcano, en 1987; en una fiesta previa a la boda de su prima Alexia en Londres, en 1999; y serio y con corbata, de niño.

La familia al completo. Don Juan Carlos y Doña Sofía, en una terraza del Palacio de Marivent, en Mallorca, donde suelen disfrutar desde hace años las vacaciones estivales. Las infantas Doña Elena y Doña Cristina, y el Príncipe Felipe, visten iguales.

Don Juan Carlos, durante unas maniobras militares, acompañado por el joven Príncipe.

Don Felipe de Borbón, con gafas de sol de diseño moderno, es, además de un hombre atractivo, uno de los Príncipes mejor preparados del mundo. En la fotografía inferior, durante su formación castrense en la Escuela Naval de Marín.

Doña Sofía del brazo de su querido hijo Don Felipe, vestido con uniforme de gala, en la boda del príncipe Haakon de Noruega y Mette-Marit Tjessem, celebrada en Oslo.

El Príncipe es un joven muy deportista, aventurero y amante de la naturaleza. Una divertida imagen del Príncipe en moto que contrasta con la seriedad de la otra fotografía: Don Felipe viaja a Galicia tras el desastre del petrolero *Prestige*, que vertió en la costa gallega más de setenta mil toneladas de fuel.

El romance secreto que mantuvieron Don Felipe y Letizia Ortiz tuvo en Doña Cristina y su marido, Iñaki Urdangarin, duques de Palma de Mallorca, y en Doña Elena y Don Jaime de Marichalar, duques de Lugo, a sus mayores aliados.

CASA DE S. M. EL REY

Sus Majestades los Reyes tienen la gran satisfacción de anunciar el compromiso matrimonial de Su hijo, Su Alteza Real el Príncipe de Asturias Don Felipe, con Doña Letizia Ortiz Rocasolano.

La petición de mano tendrá lugar en el Palacio de la Zarzuela el próximo jueves, día 6 de noviembre.

La boda se celebrará a principios del verano de 2004 en la Catedral de Santa María la Real de la Almudena de Madrid.

Palacio de la Zarzuela, 1 de noviembre de 2003

El día 1 de noviembre de 2003 a las siete y veinte minutos de la tarde, la Casa de S. M. el Rey anunciaba de manera oficial el compromiso matrimonial de su hijo S.A.R., Don Felipe de Borbón, con Doña Letizia Ortiz Rocasolano. El compromiso, por inesperado y precipitado, sorprendió a todo el país. Don Felipe se casaría a principios de verano con una española, periodista y divorciada.

Los novios bromean con el Rey Don Juan Carlos, quien comentó a la prensa, tras anunciarse el compromiso: "Haced muchas fotos, a ver si estoy más gordo de felicidad".

A la salida del Teatro Real, donde asistieron a un concierto ofrecido por el violinista Mstislav Rostropovich en honor a los Reyes y por el 65 cumpleaños de Doña Sofía.

Don Felipe, que no paró de sonreír, se dirige al coche con su prometida. Juntos asistirán a la cena que los Reyes ofrecieron posteriormente y en la intimidad para toda la familia en el Palacio de Oriente.

El día 3 de noviembre, dos días después de que se anunciara el compromiso matrimonial, Don Felipe y Doña Letizia deciden adelantar su comparecencia ante los medios de comunicación y posan en los jardines posteriores de la residencia del Príncipe: "Letizia es la mujer con la que quiero compartir mi vida y formar una familia".

La prometida del Príncipe de Asturias muestra ilusionada a la prensa la sortija que Don Felipe le ha regalado, una alianza de oro blanco y brillantes, tallados en *baguette*.

Doña Letizia intenta enseñar los gemelos de oro blanco y zafiros, talla cabujón, su regalo para el Príncipe Felipe. La periodista eligió, además, un ejemplar de 1852 de la novela caballeresca *El Doncel Don Enrique el Doliente*, de Larra. Junto a ellos, la Infanta Doña Elena y su esposo, Don Jaime de Marichalar; al otro lado, Telma Ortiz, hermana de la novia.

Hasta su boda con Don Felipe, Letizia Ortiz Rocasolano no tendrá tratamiento de Princesa de Asturias. En la foto, la primera reverencia que le hicieron a la prometida del Príncipe a su llegada al Teatro Real.

Cobijados en el interior del coche oficial, la pareja charla tras su primera aparición pública en el Teatro Real, que levantó gran interés en los medios de comunicación.

Don Felipe presenta a su prometida a su llegada al Teatro Real de Madrid, donde asistieron invitados por los Reyes a un concierto de Rostropovich.

Los Reyes Don Juan Carlos y Doña Sofía posan junto al Príncipe de Asturias y su prometida, que lució un traje pantalón firmado por el diseñador italiano Giorgio Armani, con cuello chimenea y de color blanco, en el Patio de los Austrias del Palacio del Pardo, el día 6 de noviembre de 2003, fecha en la que se celebró la petición de mano.

Foto de Familia de la Petición de Mano. Primera fila, (de izquierda a derecha) los duques de Soria, Don Jesús Ortiz (padre de la novia), la Reina Doña Sofía, el Príncipe de Asturias y su prometida, el rey Don Juan Carlos, Doña Paloma Rocasolano (madre de la novia), la duquesa de Badajoz, y la princesa Irene de Grecia. En la siguiente fila, Don David Rocasolano y su mujer (primos de la novia); los duques de Palma de Mallorca, Doña Telma Ortiz (hermana de la novia), los duques de Lugo, Doña Erica Ortiz (hermana de la novia) y su marido, Don Antonio Vigo. En la tercera fila, Don Alfonso y Doña María Zurita, hijos de los duques de Soria; Don Fernando y Don Beltrán Gómez-Acebo; Don Juan Gómez-Acebo, Don Bruno Gómez-Acebo y su esposa, Doña Bárbara Cano, y Don José Miguel Fernández Sastrón, marido de Doña Simoneta Gómez-Acebo.

ban sorprendidos. No podían creérselo. También fueron actualidad y en sus primeras declaraciones se mostraron campechanos y espontáneos. Tanto que al abuelo Francisco se le escapó la expresión «joder, joder...» en el sentido de no creerse lo que estaban viendo sus ojos y escuchando sus oídos, cuando una periodista le preguntó si la noticia era de su agrado.

En la capital del Reino

El destino profesional de su padre trajo a la familia a Madrid en 1987. La familia se instala en Rivas Vaciamadrid, un municipio situado al sureste de la capital, hoy gobernado por Izquieda Unida y que de su antigüa condición de encrucijada de caminos y puerta de Madrid, toma el nombre de Vaciamadrid (va hacia Madrid). Letizia tenía 15 años y el mundo se abría para ella. Ese año, los Reyes celebraban sus Bodas de Plata y Don Juan Carlos y Doña Sofía reúnen a todos los suyos para celebrar los primeros veinticinco años de matrimonio. En la fotografía oficial, Don Felipe destaca en altura junto a su madre, la Reina Sofía.

Madrid ofrecía nuevos retos, nuevas posibilidades, para la joven Letizia; eso sí, lejos de su tierra querida y de sus amados abuelos Menchu y José Luis. Es en ese momento una guapa adolescente soñadora, estudiosa y ambiciosa. El paso era importante. Fue duro dejar la tierra y a los amigos y eso le encogía el corazón. Pero ella estaba segura de que tenía que llegar alto y el traslado a Madrid era algo que ya, mentalmente, había dispuesto y planificado. Ya en la capital, la futura reina de España cursó 2.º y 3.º de BUP y COU en el Instituto Ramiro de Maeztu de la calle Serrano, en la rama de letras mixtas y en horario nocturno. Por aquel entonces, el metro no llegaba hasta su lejano domicilio de la ciudad dormitorio de Rivas

Vaciamadrid. Letizia y sus dos hermanas menores, Erica y Telma, quedaban al final de las clases para volver juntas en transporte público. Cuando las Ortiz llegaban a casa rondaba la medianoche.

En el Ramiro de Maeztu conoció al que años más tarde se convertiría en su marido, Alonso Guerrero (Mérida 1962), un escritor, licenciado en Filosofía y Letras, que daba clases en el centro. La bohemia y singular personalidad del joven profesor, amante de la literatura, hacía suspirar a muchas jóvenes del instituto. Pero fue Letizia quien conquistó el corazón del escritor y un año después de su llegada comenzaron un noviazgo que acabaría en matrimonio. Mientras ella se enamoraba de Alonso, Don Felipe ya había vuelto de Canadá, medía 1,97 y calzaba un 45. El hijo menor de los Reyes se encontraba en plena etapa de formación militar, que abarcaría de 1985 a 1988. En 1985 juró bandera en la Academia General Militar de Zaragoza. Después ingresó en la Escuela Naval de Marín, en Pontevedra y, por último, en la Academia General del Aire, de San Javier, Murcia.

Durante esa época, la familia Ortiz Rocasolano solía pasar los veranos en Ribadesella, donde los abuelos paternos poseen un caserón del siglo XVIII llamado La Arquera. La abuela periodista la recibía con los brazos abiertos y su abuelo, José Luis Ortiz, que tenía un negocio de máquinas de escribir, disfrutaba de la compañía de una nieta que adoraba la lectura y la escritura. La niña amaba los cielos plomizos y las frías aguas del Cantábrico. La luminosidad de Madrid le turbaba y en Asturias disfrutaba con su clima y sus costumbres. Eran, sin duda, sus raíces, las que solía regar durante los aperitivos con un *culín* de sidra.

El actual alcalde de Ribadesella, José Miranda, está realmente emocionado: «Celebramos por todo lo alto el día de la pedida de mano. Nos reunimos en la Casa de Cultura e instalamos una pantalla gigante. Después brindamos con sidra». Asegura que Letizia –a la que por supuesto ya llaman «Doña»–, es muy asturiana. «Le encanta la forma de vivir nuestra y de alguna manera le transmitimos el calor y el cariño de la gente. Fue un día muy emotivo y sirvió de ensayo general para la gran fiesta que vamos a preparar para el día de la boda». Están verdaderamente revolucionados. El alcalde recuerda aquel 1999 cuando Letizia leyó el pregón de las Fiestas: «¿Cómo iba imaginarme yo que cuatro años después esa chica se prometería con el Príncipe de Asturias?». Estas gentes de Asturias la quieren, la adoran. La recuerdan cuando ya siendo «famosa de la tele», les visitaba a menudo y cuando no contaba más de seis o siete años, solía correr por los pazos. Sus abuelos viven, desde que se jubilaron, en Sardeu, una aldea ovetense perteneciente al municipio El Carmen.

Antes de acabar el bachillerato ya tenía claro que estudiaría periodismo. Se matriculó en el curso 1990-1991 en la Facultad de Ciencias de la Información de la Universidad Complutense de Madrid. Todavía conserva amigos de aquella época, en la que ya tiene como costumbre devorar libros; adora a los clásicos, le gusta leer novela y no se olvida de la prensa diaria. Muchos la recuerdan siempre con un montón de periódicos bajo el brazo.

El Príncipe atravesaba por aquel entonces una época de estudios en la que preparó las carreras de Derecho y Económicas en Madrid y sufría, a sus veintiún años, por el que sería uno de sus amores imposibles, el de la aristócrata española Isabel Sartorius, hija del fallecido Marqués de Mariño.

Sus compañeros de la Facultad aseguran que Letizia era una chica atractiva, delgadísima, simpática, muy curiosa y un poco prepotente. Tenía el cabello largo, casi por la cintura, y usaba un aparato dental para corregir sus dientes que le provocaba un leve seseo al hablar. La prometida del Príncipe no pasó inadvertida en la Universidad. Intervenía mucho, preguntando a sus profesores hasta la saciedad e incluso hasta desesperar a los compañeros que soñaban con terminar unas clases que Letizia alargaba con sus dudas y preguntas. No era habitual de la cafetería, escenario de tantas partidas de mus y de charlas entre clase y clase. Ortiz Rocasolano era, sin duda, una buena estudiante como demuestra la media de notable de su expediente académico. Pero su vida no era la de cualquier estudiante. Ella salía con un chico diez años mayor que ella, un profesor que influía severamente en su inquietud intelectual, y que huía tanto de las modas como de los convencionalismos.

Como muchos otros estudiantes de periodismo, Letizia decidió hacer prácticas, algo indispensable en la formación de un futuro profesional. Ella presumía de las raíces periodísticas de su familia y de los contactos de su padre en la profesión. Solía decir que a ella no le faltaría trabajo puesto que su padre era periodista. Una de sus mejores amigas, que aparece en la orla a la izquierda de la futura Reina de España, era Maya Siminovoich, hija de la directora de la revista Cosmopolitan, Sarah Glattstein.

En el verano de 1992, con 19 años y uno después de iniciar la carrera de periodismo, Letizia pide ayuda a su padre y a su abuela para realizar prácticas en el diario *La nueva España*. Su abuela, Menchu, es una veterana y conocida locutora de la radio asturiana y su padre, es director de Antena 3 radio en Asturias. El día 1 de julio entró por primera vez a la redacción del diario ovetense donde trabajaría en la sección de Economía. Un texto sobre la proliferación de las tarjetas de crédito en España *Pague usted mañana* (quizá le inspiró el título el famoso *Vuelva usted mañana*, de su admirado Mariano José de Larra) fue uno de sus primeros artículos. El verano siguiente, mientras finalizaba sus estudios universitarios en Madrid, volvería a *La Nueva España* pero esta vez a la sección de Local, Espectáculo, Cultura y Televisión. A veces, en sus ratos libres se escapaba a pasear por los campos y paisajes de Asturias. De nuevo, el contacto con la tierra, con los prados verdes. Pero, desde luego, no se privaba de salir de cañas con sus amigos. Por aquel entonces estaba de moda el bar *La Santa Sede*. Aquel verano de 1992, el Príncipe de Asturias protagoniza el 25 de julio uno de los momentos más emocionantes en la historia del deporte español desfila en el estadio Montjuic, como abanderado del equipo nacional, en la ceremonia de inauguración de los Juegos Olímpicos de Barcelona.

***Con* zeta *de* Letizia**

Al año siguiente la estudiante de periodismo inicia las prácticas en el monárquico y conservador diario *Abc,* que fundara Don Torcuato Luca de Tena en 1903. Se convierte en la corresponsal de Rivas Vaciamadrid, y envía diariamente sus crónicas locales al prestigioso periódico. Al tiempo, Don Felipe ingresa en la Universidad estadounidense de Georgetown en Washington donde completaría, tras licenciarse en Derecho y Económicas, sus estudios con un master en Relaciones Internacionales. Durante este periodo americano, el Príncipe conoce a la modelo Gigi Howard con la que mantuvo una muy comentada relación sentimental. La Reina nunca la aceptó.

Letizia Ortiz Rocasolano iba, a su vez, adquiriendo una buena formación. Su futuro profesional comenzaba desde la solidez. Era ya una mujer erudita y comprometida con la cultura. Firmaba entonces sus artículos como Letizia O. Rocasolano o como Letizia Ortiz de manera indistinta y según le daba.

Lo único que no cambiaba era la caprichosa zeta de su nombre. Para que no hubiera lugar a dudas, presentó en la redacción del periódico, entonces dirigido por Luis María Ansón, una fotocopia de su DNI como prueba que su nombre estaba admitido con la última letra del abecedario. Pero el periódico, especialmente interesado en castellanizarlo todo no lo entendía así, y en sus primeros artículos, su nombre se corregía con una *ce*.

Cuando los padres de Letizia decidieron bautizarla la Iglesia Católica exigía anteponer o posponer el nombre de María a cualquier otro. Los Ortiz Rocasolano solicitaron permiso a Roma para que su hija se llamara Letizia a secas y el funcionario italiano que redactó el expediente aprobatorio escribe Letizia tal y como le suena en su idioma, es decir, con zeta. Ese expediente llega al registro de Oviedo y allí se copia tal cual. Desde entonces, así se escribe el nombre de la que hoy es ya la futura Reina de España. A ella, esa particularidad le gusta sobremanera y siempre ha luchado por defenderla.

Pero esta mujer no será la primera asturiana en ocupar el Trono de España. También lo fue la reina Adosinda, nieta de Don Pelayo, Guardia Real de la Corte de Don Rodrigo, proclamado primer Rey de Asturias tras vencer al ejército moro en Covadonga. No será tampoco la primera reina llamada Letizia –eso sí, nunca antes se escribió con zeta–. Ese era el nombre de la segunda esposa de don Amadeo de Saboya, Letizia Bonaparte, aunque no llegó a desempeñar nunca el cargo de reina en nuestro país porque cuado contrajo matrimonio en segunda nupcias con el monarca, tras la muerte de su primera esposa la Reina María Victoria del Pozo della Cisterna, éste había abandonado España. Sí será Letizia Ortiz la primera Princesa de Asturias nacida en el Principado.

Durante el último año de carrera completa las prácticas en la agencia EFE, en el área de Internacional. Tras realizar un master en Periodismo Audiovisual en el Instituto de Especialistas en Periodismo Audiovisual (IEPA), hoy Escuela Superior de Imagen y Sonido CES, entre noviembre de 1996 y junio de 1997, se marcha a México para realizar un doctorado, cuya tesis nunca leyó. Sus compañeros del master destacan su personalidad y brillantez en el trabajo. La directora, Marisol Tomás, habla maravillas de ella: «Letizia era de esas alumnas que no olvidas. Lo tenía todo: lista, rápida muy creativa». Su padre, Jesús Ortiz, fue director gerente del curso. En México la española también levantó pasiones. En esos meses intensificó su aprendizaje del inglés. En el diario *Siglo XXI*, en Jalisco, (Guadalajara), también dejó huella. Su belleza, personalidad y profesionalidad no pasaron inadvertidas para sus compañeros pero sobre todo para un adinerado empresario que se enamoró locamente de ella.

En esta época, Don Felipe, tras acabar el idilio con la americana Gigi Howard, se adentraba en el romance que le quitaría el sueño hasta varios años después: Eva Sannum.

Letizia convivió en México con la famila Nágera García, durante los cuatro meses que duró su estancia. Como buena estudiante, consiguió una de las escasísimas becas Intercampus que otorga la Universidad Complutense de Madrid. En unas declaraciones que la casera, Tina, realiza a la revista Interviú describe a la prometida del Príncipe como una mujer «luchona y todo un carácter». Allí vivió en una casa sencilla en la colonia Los Jardines del Country, muy cerca de la Universidad de Guadalajara, en el estado de Jalisco. La habitación, de 16 metros cuadrados, le costaba 800 pesos mensuales de entonces, unos 80 euros de hoy. Letizia se mostró siempre amable con la familia pero celosa de su intimidad. No le gustaba hablar de su vida privada e incluso llegó a sugerir que preguntar ¿de parte de quién? ante una llamada telefónica era de mala educación.

Sí intimó con la hija de Tina, Olimpia. La joven está realmente impresionada con la noticia del casamiento. Cuenta que era una «chava muy agradable y segura de lo que quería, ambiciosa y trato sencillo, con una personalidad muy fuerte a quien no le gustaban las galanterías de los mexicanos». En una ocasión rechazó la atención de un camarero que le ofreció fuego para encender su cigarrillo. Ella lo rehusó, argumentando que no era ninguna inválida. Tampoco veía bien que pagaran los señores en los restaurantes. A ella le gustaba pagar lo suyo porque no quería deber nada a nadie. Letizia pisaba fuerte en tierra extranjera. Era la misma mujer delgada de ahora, muy sencilla en el vestir y ávida por aprender más y más. En la casa de Los Jardines del Country sabían que había alguien en España. El teléfono sonaba a diario y se escuchaba siempre la misma voz masculina –aunque nunca preguntaban de parte de quién, claro–. Las conversaciones solían ser largas y, a veces, acababan en discusiones. Alonso Guerrero, su novio, la extrañaba desde España.

Sus compañeros de la Universidad de Guadalajara hablan abiertamente de ella, en declaraciones que la prensa mexicana ha recogido, como de una mujer muy inteligente que cuestionaba a los maestros en aquellos principios que no compartía. Se mostraba crítica con muchas costumbres culturales, sobre todo con las que discriminaban a la mujer. México se encontraba a años luz de España y ni que decir Guadalajara respecto a Madrid. Lo demostró al elegir una cita anónima para un ensayo que rezaba: «el día que haya mujeres ineptas en puestos de responsabilidad, habrá igualdad».

Sin embargo, la Universidad le quedaba corta a Letizia. Su espíritu emprendedor y ambicioso le permitió llegar hasta los directores del diario *Siglo XXI*. Dicho y hecho; se presentó y a los pocos días se incorporó al suplemento de ocio Tentaciones, una guía de los lugares más recomendables para salir. Le cautivaron los nopales con queso y la sopa de tortillas mexicanas, dos especialidades de la gastronomía del país y dos tabernas, La Maestranza, una cantina típica española y Tlapeque, un restaurante cuya especialidad eran los nopales con queso.

Conoció al artista floral Bonnhy Rico cuando éste precisamente trabajaba en un encargo para el diario *Siglo XXI*. El mexicano cuenta que se hicieron muy amigos y que a ella le encantaba su destreza con las rosas, liliums y otras flores. De hecho, asegura que la propia Letizia le dijo que si algún día se casaba por la Iglesia él sería el encargado de los adornos florales. Cuando se anuncia el compromiso, el artista mexicano no pierde la ocasión para pregonar la anécdota y asegura que le han hecho el encargo en firme. La Casa del Rey desmintió enseguida y de manera categórica el rumor que había cruzado el Atlántico, para alivio y sosiego de los floristas españoles.

No sería la última vez que Letizia pisara tierra americana. Años más tarde, después de ahorrar durante todo un año con su trabajo en una pizzería, la intrépida asturiana viajó a Colombia para participar en el Encuentro Latinoamericano de Comunicación Social. Allí se presentó como Letizia Ortiz, una española que quiere llegar a ser la mejor periodista de su país.

A su regreso, Letizia se incorpora a la cadena Bloomberg especializada en información económica cuya sede estaba en las instalaciones de la agencia EFE. Allí la recuerdan como una mujer muy trabajadora. «Era muy extrovertida, siempre estaba hablando, apuntaba muy alto. Era guapa y ella lo sabía. Se podía decir sin temor a equivocarse que aquel era un lugar de paso en su fulgurante carrera hacia el éxito», comenta uno de los compañeros de la agencia.

Mientras Letizia seguía su carrera fulgurante en el mundo del Periodismo, sus dos hermanas tomaban diferentes caminos.

Telma, muy guapa y de gran parecido físico con la prometida del Príncipe, se inclinó por el mundo de la empresa y decidió estudiar Ciencias Económicas. Está muy unida a su hermana mayor y habla varios idiomas. Actualmente trabaja en una ONG en Israel. Erica, es la artista de la familia. Se licenció en Bellas Artes y se casó con el escultor Antonio Vigo. El joven trabajó en una empresa que explota canteras en Les Roces, en Cangas de Onís

(Asturias) y comenzó una actividad escultórica en piedra en su domicilio, según publica el diario *El País* el 8 de noviembre de 2003. El Boletín Oficial del Principado de Asturias (BOPA) incluyó en una resolución del 10 de marzo un expediente por el que obliga al artista a devolver 4. 207 euros que había recibido en agosto de 2001 en concepto de ayuda oficial por contratar de forma indefinida a su mujer, Erica Ortiz Rocasolano, –continua el rotativo– al no haber aportado toda la documentación necesaria que acreditase dicha contratación.

Alonso, el hombre que sabía demasiado

En 1998, el año de su boda con Alonso Guerrero, la inquieta redactora decide dar un paso más y se presenta a los cásting de CNN Plus, la cadena de televisión del grupo Prisa, y de nuevo consigue su objetivo: es seleccionada entre un centenar de aspirantes aunque el tan anhelado puesto supone llevar un horario de perros y trabajar de madrugada.

Unos cien invitados fueron testigos de la primera boda de la futura Reina de España con el escritor. La pareja, que había convivido durante cinco años, contrae matrimonio civil el 7 de agosto de ese año. Ambos son agnósticos y es el alcalde de Almendralejo, Manuel Jesús Morán, íntimo amigo de Alonso, quien oficia la ceremonia, la primera de su vida, a petición del novio, en la sala de Plenos del Ayuntamiento. Ella vestía un traje de confección de los diseñadores sevillanos Vitorio y Luchino. El Príncipe Felipe ya bebía los vientos por la noruega Eva Sannum que se había trasladado a Madrid, contratada por una agencia de modelos.

La de la periodista y el escritor fue una relación intensa, de gran atracción intelectual. Ella estaba enamorada del hombre y del escritor. A su lado se convirtió en una lectora voraz. Sus compañeros de la universidad recuerdan la admiración que sentía por su novio, diez años mayor que ella. Solía llevar los escritos de Alonso, poesías y apuntes para sus novelas, en sus carpetas y a veces, los pasaba a limpio. A la familia de Guerrero no parece haberle sentado bien que en algunos medios se haya minimizado la relación y el matrimonio, aunque prefieren no hablar de ello. El banquete nupcial se celebró en el restaurante «El paraíso». A la entrada, en el jardín, una estatua de hielo de metro y medio de las figuras alegóricas de Letizia y Alonso, recibían a los invitados. Fernando Campomanes, dueño del restaurante, recuerda que Letizia estaba muy ocupada y que se comunicaba con ella por fax para organizar el menú y la celebración. Querían un ágape sencillo pero de calidad, con jamón de jabugo y gambas de Huelva.

La felicidad conyugal les duró muy poco. Según ascendía la periodista en su carrera profesional, su vida personal se hundía. Su trabajo en la cadena de noticias del grupo Prisa le daría la experiencia y soltura que después le permitirían triunfar en la pequeña pantalla, pero suponía también un gran sacrificio. Letizia presentaba los espacios de noticias de las cuatro de la madrugada que se repetían cada cuarto de hora. Apenas veía a Alonso, no había tiempo para nada más que para CNN Plus. Las cosas iban de mal en peor pero aún así su marido se levantaba con ella a las dos y media de la madrugada, compartían un café y le acompañaba antes de que se marchara a la tele. Un coche de producción o un taxi –casi siempre un Mercedes– la recogía en su domicilio de dos habitaciones de Rivas Vaciamadrid para dejarla en los estudios Torre Picasso del madrileño Paseo de la Castellana, una de las arterias principales de la ciudad. Era un trabajo duro que acabó, además, con su matrimonio. Letizia hablaba con sus compañeros de lo mal que lo estaba pasando y cuan maltratada se sentía por sus jefes. En el fondo y pese a todo, no quería ese trabajo nocturno y se rebelaba como podía en contra de la situación, aunque no lo exteriorizara delante de sus superiores.

El director de la cadena, Francisco Basterra, recuerda su apodo de «la ambición rubia» porque tenía deseos de llegar muy arriba, trabajaba a destajo y nunca decía que no a ningún trabajo. En aquellas fechas, Letizia en su afán de perfección, pasaba muchas horas visionando sus vídeos. Al finalizar el informativo, solicitaba a los técnicos, fuera la hora que fuere, que le pasaran el video una y otra vez. Era muy autocrítica y trataba de corregir algunos de sus fallos, como determinados gestos –movía mucho la cabeza– que denotaban su nerviosismo, como algún jefe le apuntaba en ocasiones. Corrigió todos y cada uno de ellos. La recuerdan asimismo, como la presentadora que más demoraba en arreglarse. Cobraba entonces unos cinco millones de pesetas brutos al año que incluían además de los derechos de imagen, el plus de nocturnidad. Algunos compañeros, que ruegan el anonimato, la rebautizaron como «Morticia», aquella mujer protagonista de la famosa serie *La Familia Adams* –en el cine encarnada por la actriz americana Angelica Houston– de fuerte carácter, bella, seductora, muy liberal, inteligente y que sabía solucionar los problemas como nadie.

Fue en esta época cuando se rinde definitivamente al

influjo de los focos y comienza a ser consciente de la fuerza de su propia imagen. Sus relaciones empezaban a cambiar: comía y cenaba con distintos compañeros, frecuentaba reuniones del mundillo periodístico influyente de Madrid. Letizia se adentraba en una atmósfera de glamour que le alejaba de Almendralejo y de su marido. Aquel hielo de las estatuas de «El Paraíso» se derritió definitivamente. Sería ella misma quien reconocería después que fue precisamente la culpable de aquella ruptura: «Soy una idiota. Me he cargado mi matrimonio». En realidad, quería mucho a su marido y no desaprovechaba ninguna ocasión para apoyarle e intentar promocionarle enviando toda su obra a cualquier escritor o autor que conociera en alguna entrevista o reportaje. La pareja se complementaba a las mil maravillas; ella era muy nerviosa y él, muy tranquilo. Letizia se agobiaba con facilidad, sin embargo Alonso era una balsa. A ella le encantaba leer y él adoraba escribir, incluso para ella. Sin embargo, el escritor no pudo soportar aquel cambio en Letizia y el divorcio llegó en 1999. Él quería tener hijos y ella, no. Esa decisión vital de Letizia le permite hoy ser la prometida del Príncipe Felipe y futura Reina de España. El haber tenido hijos de su primer matrimonio habría complicado las cosas aún más. Hubiera sido, tal vez, un obstáculo insalvable.

Alonso Guerrero es hoy en España el hombre que sabía demasiado, como el protagonista de C.G. Chesterton. Una década de relación con la periodista prometida son muchos años. Vivió junto a ella toda su juventud, sus años de instituto, el ingreso en la facultad, sus primeros trabajos y también sus primeros días de convivencia en pareja. Letizia le dio personalmente la noticia del compromiso con Don Felipe y le rogó, lógicamente, discreción absoluta. Un día antes de que se hiciera pública la inesperada noticia, Alonso se preocupaba de salvaguardar fotos, vídeos y recuerdos de la pareja que poseían sus padres y algunos amigos. El alcalde socialista del pueblo guardó bajo llave el acta matrimonial que comenzaba a despertar un gran interés para la prensa. Algún rotativo extranjero se atrevía a publicar una cifra en euros completamente disparatada, que nunca se ha llegado a probar cómo lógica ni cierta.

En una entrevista exclusiva que Guerrero concedió al diario *El Mundo,* ocho días después de anunciarse el compromiso oficial de su ex-mujer con el Príncipe de Asturias, y que firma Ana María Ortiz, el escritor pretende mantenerse al margen de esta historia que se ha adosado a su vida. Sin embargo, le ha molestado que se dijera que cayó en una fuerte depresión cuando Letizia lo abandonó, quizá porque no es cierto. A punto de considerarse un escritor maldito, Guerrero comenzó a escribir con sólo 8 años y ganó el premio Felipe Trigo de Narraciones con 19 por *Tricomía,* su primera novela. No ha tenido mucha suerte y reconoce con cierta amargura que la literatura no le ha dado nada. Tras la noticia del compromiso real su obra empieza a venderse y, sobre todo, *El hombre abreviado,* una novela que cuenta la historia de un escritor que se separa de su esposa y que en menos de una semana se agotó en las librerías. Muchos vieron en la historia que Alonso contaba la radiografía de su divorcio con Letizia Ortiz. Enseguida se encargó una edición de 2.500 ejemplares. El autor no podía creerlo.

Letizia, ya separada, se instala junto a su madre en un piso del distrito madrileño de Moratalaz. Su objetivo ahora era llegar a TVE y a su millonaria audiencia. Envía personalmente un vídeo con su trabajo al Jefe de los Servicios Informativos, Alfredo Urdaci, y da en la diana. El director General, en aquella época, Javier González Ferrari, visiona la cinta y le dice a Urdaci: «Esta chica es un tiro. Contrátala». Dicho y hecho; Letizia Ortiz pasa a formar parte de los Servicios Informativos de la cadena pública.

Don Felipe es nombrado ese año 2000, con motivo del 25 aniversario del reinado de su padre, el rey Don Juan Carlos, comandante de los Ejércitos de Tierra, Mar y Aire y capitán de corbeta de la Armada.

En el verano de 2001, la realizadora novel, Yolanda G. Serrano, se encontraba rodando la película *¡Hasta aquí hemos llegado!*. En una de las secuencias era necesaria la participación de un presentador de los informativos de Televisión Española (la cadena había comprado la película) y solicitaron la presencia de Ana Blanco, que era la presentadora del Telediario del mediodía. La periodista se encontraba de vacaciones y TVE les ofrece como alternativa a su sustituta, Letizia Ortiz. El rodaje se realizaba en los platós de los informativos y el papel que debía interpretar no revestía ninguna dificultad para ella; debía aparecer tal y como es ella: una periodista dando una noticia. El actor Carlos Sobera protagonizaba la historia. Letizia, pese a los nervios, lo hizo a la primera, el rodaje no duró ni una hora.

El Telediario de la mañana y la Campaña del Euro fueron sus dos primeros destinos antes de hacer la sustitución a Baltasar Magro en el prestigioso y veterano espacio *Informe Semanal*. Ha cubierto desde el desastre del Prestige a la Cabalgata de los Reyes Magos, pasando por la posguerra en Irak, donde siguió de cerca a los militares españoles en aquel país o el aniversario de los atentados contra las Torres Gemelas en Nueva York. Era una incansable doña perfecta, le gustaba tenerlo todo bajo control. Si se trataba de leer nombres extranjeros o en catalán, Letizia ensayaba su correcta pronunciación y si no sabía cómo hacerlo pedía ayuda a alguien que dominara ese idioma. Su carrera seguía avanzando hacía el telediario estrella de las nueve de la noche, donde aterriza en septiembre de este año compartiendo mesa con Alfredo Urdaci.

¿Y cómo es ella?

Letizia Ortiz Rocasolano, 31 años. 1,75 de estatura, delgada (talla 3638), tez clara, ojos verdes y cabello castaño ligeramente aclarado con reflejos rubios. De labios carnosos y nariz algo aguileña, nació bajo el signo de Virgo.

Los que la conocen dicen que es inteligente, muy preparada y adicta a la lectura y al trabajo. A pesar de su aparente frialdad, es una mujer encantadora, sobria y elegante. Nunca lleva joyas o complementos porque es alérgica a todos los metales a excepción del oro blanco o platino. Le encanta vestir pantalones. Siempre se ha preocupado de su imagen, desde bien jovencita. Le gusta mantenerse en forma y cuidar su línea, algo que en ocasiones le ha acarreado una extrema delgadez. La fruta y agua abundante nunca faltan en su dieta diaria. Prefiere el maquillaje discreto y natural y pintarse ella misma los labios. Conoce su rostro a la perfección gracias a los vídeos que ha revisado una y otra vez.

Grieg, Tchaikovski y Wagner, además de Mozart se encuentran entre sus compositores favoritos. En su discoteca también se oyen las voces de Dire Straits, Pink Floyd, Supertramp o Joan Manuel Serrat. Adora leer a los clásicos de la literatura y bailar salsa. Este ritmo también es de los preferidos del Príncipe.

Es y ha sido siempre una mujer ambiciosa. Nunca se conformó con lo que se iba encontrando en su camino. Cada día aspiraba a más, siempre apuntaba más alto. Desde su infancia y adolescencia, pasando por su primera juventud y matrimonio. Para la alumna de instituto nada podía ser mejor que conquistar al profesor más atractivo e interesante del momento y para la periodista de televisión que comienza en cadenas de audiencia minoritaria acabar presentando el informativo de mayor audiencia del país en la poderosa Televisión Española. El primer sueño acabó en boda y el segundo, asomándose cada noche desde la ventana del telediario al hogar de millones de españoles.

Meticulosa perfeccionista, pesada, nerviosa, fría, parlanchina, curiosa, inquietante, ordenada, testaruda, coqueta, seductora, encantadora, vanidosa, calculadora, arriesgada, sobrada, elegante... así la definen muchos de los compañeros con los que ha compartido diferentes labores informativas. Alguno insiste en su altivez, en su distancia, «esa forma de trabajar tan especial de Letizia que según con quien, se mostraba de una manera u otra». Sea como fuere, la gran mayoría coincide en destacar su cultura, su porte majestuoso y en ese algo principesco de su carácter que, en alguna ocasión le alejaba de sus compañeros.

Letizia buscó siempre algo más que quizá comenzó a hacerse realidad el pasado día 1 de noviembre cuando el comunicado de la Casa Real anunciaba su compromiso matrimonial con Don Felipe de Borbón, Heredero de la Corona de España y Príncipe de Asturias.

Capítulo 6

JAQUE AL REY

Felipe, el doliente

«La libertad es uno de los más preciosos dones que a los hombres dieron los cielos». Y sin duda, la frase que Miguel de Cervantes puso en boca de Don Quijote de la Mancha, representa el pensamiento de Don Felipe, que si pudiera añadiría: «Y por ende, aún más preciosa, la libertad de elegir a la mujer con la que compartir toda una vida».

¡Cómo le gustaban a la romántica Letizia las antiguas historias caballerescas! La periodista, una auténtica devoradora de libros, amaba la literatura más que cualquier otra cosa en el mundo. Para la joven reportera de la tele, no había placer comparable a comentar en voz alta los libros, cuya lectura ocupaba la mayor parte de su tiempo libre, y charlar sobre ellos. Con Felipe además de los temas políticos, sociales y culturales que protagonizaban la actualidad informativa, solía mantener largas conversaciones que giraban en torno a la obra literaria de los clásicos, que seguían siendo para Letizia, fuente dónde saciar su sed de conocimiento, disfrute y aventura.

A Letizia le apasiona aquella trágica historia *El doncel de Don Enrique el doliente* en la que el enamorado acaba muriendo luchando por su dama. Larra la escribió en 1836, un año antes de reventarse la sien con un tiro al no ser correspondido por su amada, Dolores Armijo. La obra era para Letizia, fiel reflejo de su propia historia de amor con Felipe de Borbón. La novela narra las intrigas palaciegas y una tormentosa historia de amor imposible. Letizia se siente identificada con la heroína; dos hombres lucharán por el amor de una dama, Doña Elvira, y uno de ellos, morirá en el empeño.

Hacía tiempo que Letizia le hablaba al Heredero de *El doncel de Don Enrique el doliente,* la única novela que escribió el periodista liberal Mariano José de Larra. Era una de sus obras preferidas. De hecho, llevaba varias semanas aunque él no lo sabía, buscando una ocasión para regalarle una edición limitada y original de 1850, una auténtica *joya literaria*. Y al final, encontró el día perfecto para hacerlo, el día de su petición de mano, 6 de noviembre de 2003. *El doncel de Don Enrique el doliente,* escondía un gran significado para la pareja.

La elección de una obra literaria como regalo a «un gran lector», una de las virtudes de su enamorado que más resaltó Letizia aquel 6 de noviembre, era un homenaje a Mariano José de Larra, maestro de periodistas. La obra, escrita a mediados del siglo XIX, se aleja del costumbrismo de los artículos, que firmaba bajo los seudónimos de *Fígaro* o *el pobrecito hablador* que hicieron famoso al escritor, como el irónico y castizo, *Vuelva usted mañana.*

Larra, un liberal acérrimo, vive el fin del absolutismo de Fernando VII, a quién desde su extensa obra periodística dirigirá sus más ácidas críticas, las guerras carlistas y la regencia de María Cristina, bajo la cual se alternaron las dos grandes corrientes del movimiento liberal, la moderada y la progresista. En el inestable ambiente político de la España que le tocó vivir y en el mismo año de su muerte, se promulgó una nueva Constitución.

El movimiento romántico, que se inicia en el siglo XVIII, llega a nuestro país atravesando los Pirineos en la primera mitad del siglo XIX y el primer periodista español, Mariano José de Larra, se deja llevar por el «romanticismo» que bebe de las fuentes de la Literatura Medieval. De hecho, el autor, sitúa la novela en plena Edad Media.

Larra describe la pasión imposible y desesperada de Macías y Elvira, esposa del hidalgo Fernán Pérez de Vadillo. Elvira, camarera de Doña María de Albornoz, esposa de Enrique de Villena, tío del Rey, enloquecerá tras la muerte de su enamorado, con quien se había conjurado para defender el honor y la posición de su ama y señora. La historia se sitúa en el Madrid de principios del siglo XV, en la corte de Enrique III, *el doliente*. Algunos párrafos del capítulo I, adquieren hoy un significado especial si se extrapolan siglos más tarde, a la situación que vive la real pareja.

«El caballero que volvía de reconquistar el santo sepulcro del Salvador y que llevaba ricamente bordado en el pecho el signo augusto de la redención, aquel mismo cruzado que al entrar en el gremio de la Iglesia había depuesto en las fuentes bautismales el vano deseo de venganza, adoptando y jurando, a imitación del hombre Dios, el perdón de las injurias, sin el menor escrúpulo de conciencia declaraba las muestras de su organización irascible, que a gala tenía; a la menor sombra de pretendida ofensa corría lanza en ristre a partir el sol del palenque, y a abrir una ancha fuente de sangre humana en el pecho de su adversario, invocando a un tiempo, por una inexplicable contradicción, el nombre santo de Dios y el nombre profano de la dama por quien moría.

El amor, el rendimiento a las damas, el pundonor caballeresco, la irritabilidad contra las injurias, el valor contra el enemigo, el celo ardiente de la religión y de la patria, llevado el primero alguna vez hasta la superstición, y el segundo hasta la odiosidad contra el que nació en suelo apartado, si no son prendas todas las más adecuadas al cristianismo, no dejan por eso de tener su lado hermoso por donde contemplarlas; y aún su utilidad manifiesta, dado sobre todo el dato del orden de cosas entonces establecido, las hacía tan necesarias como deslumbradoras.

El carácter, empero, más verdaderamente distintivo de la época, era la lucha establecida y siempre pendiente entre el príncipe y sus primeros súbditos.» (Extractos de *El doncel de Don Enrique el doliente*).

Escuchando de boca de Letizia, el relato de aquella historia caballeresca, Don Felipe se siente como un caballero medieval en constante lucha por su ideal. Su amada Letizia, recuerda con exactitud y le recita los versos del cancionero popular que dan inicio a la lectura:

«Mis arreos son las armas.
Mi descanso el pelear.
Mi cama las duras peñas.
Mi dormir siempre el velar»,

Aquellas estrofas, que con su sonido le transportan al Medievo, adquieren de los dulces labios de la periodista y su mirada anhelante, una significación demasiado actual.

Don Felipe encarna ante los enamorados ojos de Letizia, la figura del «héroe» (el doncel Macías), la personificación de lo noble, la suma de todas las virtudes y excelencias espirituales y vitales. Y Letizia es para su príncipe, la protagonista de la novela que encarna Elvira, la camarera de la corte, que vive atrapada en un eterno conflicto y representa a los ojos de su enamorado, el ideal de belleza, nobleza y pureza incomprendida. Será un amor imposible pues Elvira está casada con el Hidalgo Hernán Pérez de Vadillo, que alegóricamente representaría no sólo a la anterior pareja de Letizia, el periodista David Tejera, sino también a los poderes de la Iglesia y el Estado, a los que se enfrentará la pareja.

Como en la novela caballeresca de la Edad Media, la constante lucha del caballero es una serie de sacrificios que ofrece a una dama, con la finalidad de conseguir o conservar y acrecentar su amor. Idénticos motivos que los que empujarán a Don Felipe a la batalla más difícil de su existencia.

El ideal caballeresco busca la «nobleza del corazón» y su código de conducta recoge las virtudes: fortaleza, templanza, justicia, prudencia, fe, esperanza y caridad. El héroe, aspira a la perfecta nobleza, es decir, a que su deber no se le imponga por una coacción exterior, sino que consista en la expresión más vigorosa y eficaz de su propio ser. Estas palabras no pueden describir mejor el estado de ánimo de Don Felipe, en la primera semana de octubre de 2003.

Trasladando la inesperada relación de Letizia y Felipe a pocos días antes de que se anuncie el compromiso, podríamos escribir una historia caballeresca titulada, *Felipe, el doliente* que podría comenzar así:

«Un estandarte, con los colores de la libertad y la igualdad, ondea con el enérgico galopar de su corcel y a lo lejos, quienes observan la espigada figura del caballero admiran su valentía pues saben que en pos del amor y de los más nobles sentimientos, se enfrentará a los cimientos que sustentan las actuales Monarquías. Bajo la armadura del caballero apodado *Don Felipe, el doliente* se esconde lo que realmente alimenta su espíritu guerrero, su corazón, que se recupera de una profunda herida, gracias al amor de una bella dama, *Doña Letizia*. Antes la muerte que renunciar a la Felicidad, pues *Felipe, el doliente* sabe que su alma sólo obtendrá reposo y su vida sentido, si al regresar del campo de batalla victorioso, las pequeñas y suaves manos de aquella extraordinaria criatura, *Doña Letizia*, cuidaban de sus heridas, mientras sus verdes ojos resplandecen de admiración».

Es una lucha contra todo lo que, hasta ahora, temía y respetaba. Sólo que, esta vez, Don Felipe está dispuesto a morir antes que regresar vencido. En esta arriesgada batalla, nuestro protagonista parte a la contienda, blandiendo sus armas y su escudo. Su único patrimonio son sus propios sentimientos, un amor correspondido, que no es aceptado. Estaba decidido a desafiar a todos sus contrincantes, aún cuando todavía era un simple doncel, joven noble que aún no había sido armado caballero.

Desde luego la historia no parece en absoluto lejana ni en el tiempo ni el modo. Porque si la trasladamos a la época actual, los imaginarios «palacios, castillos, y mazmorras», escenarios donde transcurrirán las aventuras y desventuras de nuestro «héroe», podrían representar al Estado, la Monarquía y la Iglesia, contra los que se enfrentará Don Felipe. La lucha de nuestro imaginario *Felipe, el doliente*, por el amor de su dama, la «bella Letizia» que representa al mismísimo cuarto poder, la prensa. Y el doncel, ese joven noble que aún no ha sido investido caballero, señor de la guerra, simboliza el propio *status* del Heredero, que antes de llegar a ser Rey de España ya es soberano de su destino.

A sus treinta y cinco años en los que los últimos cinco se habían convertido en un auténtico suplicio en el plano sentimental, Don Felipe está preparado y dispuesto para la ofensiva. Por el amor de Letizia estaba dispuesto a renunciar a sus derechos dinásticos, aun cuando aquello pudiera convertirle en un simple ciudadano más, entre los cuarenta millones que poblaban la nación.

A su favor, sólo contaba con el factor sorpresa, su determinación y una mujer con la que se veía capaz de comerse el mundo: la bella periodista asturiana, Letizia Ortiz.

A punto de empezar la contienda analiza los frentes de batalla. Sabe perfectamente cuáles son los escollos que ha de salvar. Es plenamente consciente del poder de los que tiene en su contra. Para que el Heredero de la Corona española pueda contraer matrimonio, según dice la Constitución en su artículo 57, deberá contar con el respaldo del Rey y de las Cortes.

El primero de sus adversarios, es en la escala de dificultades, el Jefe del Estado, El Rey Juan Carlos I de España, su padre. Dos años antes, en octubre de 2001, se había encargado de negarle a través del Jefe de su Casa, Fernando Almansa, su apoyo como Jefe del Estado a la relación que mantenía con la modelo noruega Eva Sannum. La negativa del Rey para permitir el matrimonio de su hijo había puesto final a la relación. El Rey, su padre, había sido el artífice de su infelicidad en aquella ocasión. En esta lucha deberá emplear todas sus armas.

Una vez, superado este difícil y definitivo primer asalto, Don Felipe no cree que sea difícil vencer al siguiente contrincante: el Gobierno conservador de José María Aznar que tiene la mayoría absoluta. Todavía recuerda cuando el presidente le advirtió, dos años antes, que su felicidad no podía condenar a la institución monárquica. Sólo venciendo al Rey conseguiría hacerle cambiar de opinión.

Aunque en un estado aconfesional, según la Constitución, la Iglesia ya no es un poder fáctico, como en su día lo fue, el divorcio de Letizia era sin duda otro obstáculo. El matrimonio civil que había contraído en 1998 con el escritor Alonso Guerrero le dejaba en una difícil situación ante la poderosa Iglesia Católica que no vería con buenos ojos que su futura esposa fuera divorciada.

Por último restaba el llamado «cuarto poder», la prensa, que había jugado un papel determinante en el anterior conflicto. La prensa había echado por tierra todas sus ilusiones con Eva Sannum, poniendo en tela de juicio sus derechos y obligaciones. Pero tras su alianza con Letizia esperaba salir victorioso, tenía una poderosa infiltrada.

La Operación Letizia

Así las cosas y si quería ganar esta guerra, ahora que ya ha vencido en el corazón de Doña Letizia al primer contrincante, el periodista David Tejera, plantea con determinación sus siguientes pasos y analiza con la brillantez de un gran estratega las armas de las que dispone. La magnitud de la cruzada requiere precaución aun cuando no hay tiempo que perder si quiere beneficiarse del factor sorpresa.

Pero antes, dilucida que es preciso preparar previamente el terreno y analiza las ventajas que le ofrece su gran aliada, Letizia. En ese momento, a principios del mes de agosto del año 2003 y tras su debut junto a Josep Puigbó en el informativo de las siete de la mañana, su novia empieza a asentar su carrera como presentadora sustituyendo a las estrellas de la casa. Ha reemplazado a Ana Blanco en el *Telediario 2* de TVE y a Baltasar Magro, en el mítico programa *Informe Semanal*. Pero la llamada a convertirse Reina de España, no puede ser la eterna sustituta. Es necesario potenciar su carrera y su imagen como prestigiosa profesional. De ese modo consigue dos objetivos, hacerla cercana al pueblo español y acceder al control del cuarto poder.

La primera maniobra de la *Operación Letizia*, llevará a la presentadora de televisión al puesto más deseado por la mayoría de los profesionales: el *Telediario 2* de TVE.

La trama empieza en pleno mes de agosto, el más caluroso de la historia de Europa. Miles de personas pierden la vida en los países mediterráneos ante la ola de calor más mortífera del último siglo. La actividad de los directivos de las televisiones es frenética; todavía no se han ido de vacaciones ya que ultiman los cambios que presentarán en el mes de septiembre. Con la «vuelta al cole», empieza la tradicional renovación de la programación televisiva de todas las cadenas. Presupuestos y fichajes de nuevos o conocidos rostros mantienen en jaque a los directores financieros y de contenidos de la industria de las 625 líneas.

Es entonces cuando una llamada proveniente de la Casa Real provocará una auténtica conmoción en la televisión nacional. Según fuentes cercanas al Director General, José Antonio Sánchez, en esas fechas recibe la orden de que Letizia Ortiz, presente el telediario de las nueve. «Hay que cuidar a la chica».

La elección de Letizia para presentar el informativo de mayor audiencia, no sentaría bien al hasta entonces único conductor, el director de informativos del Ente, Alfredo Urdaci. Este se encontraba de vacaciones cuando le comunicaron la decisión. La reacción de Urdaci es imaginable y quienes le conocen bien, saben que no le gusta compartir la presentación del informativo estrella de la cadena. De hecho, nunca antes, el telediario segunda edición, había optado por la fórmula de los dos presentadores como ocurría en otras cadenas. Sólo María Escario y su sección deportes compartían con el omnipresente conductor del informativo, durante unos minutos la opaca mesa en tonos verdes del set de informativos.

Además, la opción de Letizia hería el orgullo y abría susceptibilidades entre sus compañeros. Letizia había llegado hacía tan sólo dos años a Televisión Española, lo que indignaba a los profesionales que llevaban casi una década al frente de otras ediciones menores, al menos en audiencia, de los informativos. Hacía tiempo que a la presentadora Ana Blanco, le habían comentado que Letizia anhelaba su puesto, lo que había provocado una tensa situación entre la aspirante Letizia y la veterana.

Por si la protesta de Urdaci pudiera provocar aún mayores conflictos en la Casa, se filtró una información capaz de evitar que la cosa fuera a mayores. Fuentes cercanas a la dirección y a los sindicatos se pronunciaban sobre la acertada apuesta de José Antonio Sánchez por rostros nuevos como los de Letizia Ortiz y Josep Puigbó y se ponían de manifiesto las dudas sobre la continuidad del jefe de informativos al frente del Telediario. Así, el confidencial de *El semanal digital* destacaba en titulares el 20 de agosto de 2003:

«Crece la credibilidad de Letizia Ortiz y Josep Puigbó».

El artículo era demasiado explícito y se basaba en fuentes de acreditada solvencia: «En el ente ha causado sorpresa ver el drástico cambio que ha experimentado el *Telediario 1* de la mano de Josep Puigbó y Letizia Ortiz. Se trata, dicen muchas voces en Prado del Rey, de la revelación del verano. «Si José Antonio Sánchez quiso hacer una prueba», comentan en el entorno de Juan Menor, director de TVE, «debe sacar ahora las conclusiones». Tanto en fuentes sindicales como profesionales se estima que Alfredo Urdaci se ha quemado aunque nadie duda de su profesionalidad. «Pero los acontecimientos –aseguran– le han superado».

Aunque no se mencionan las razones del desgaste del presentador, lo cierto es que se convierte en la cabeza de turco de la politización de la cadena pública, que empieza a pasarle factura. El director de Informativos de Televisión Española había sido acusado por los sindicatos mayoritarios de manipular los datos que sobre el seguimiento de la Huelga del 20-J. El Tribunal Supremo le condena meses más tarde y el propio Urdaci debe leer ante las cámaras, la sentencia. Su ya famosa alusión al sindicato Comisiones Obreras al que se refiere por sus siglas CC.OO. acabará formando parte de la historia más mordaz del *zapeo* televisivo.

El artículo continúa diciendo que «Sánchez tras su vuelta de vacaciones va a oír distintas opiniones sobre la evolución de los informativos. Sectores moderados y solventes creen que sería una medida inteligente retirar a Alfredo Urdaci como el rostro del *Telediario 2.* El director general –asegura– puede tomar diversas alternativas sobre el director de los servicios informativos. Ahora se abre la posibilidad de que Sánchez actúe a fondo en los programas informativos estelares de la primera cadena de TVE. «Lo más razonable –insisten profesionales del equipo de Juan Menor– sería confirmar a Letizia Ortiz y Josep Puigbó como presentadores del primero, o incluso del segundo informativo».

Quizá por el malestar que causó el nombramiento de la joven presentadora como *partenaire* de Urdaci y su pugna dentro de la «Casa» con Ana Blanco, Letizia empezó a ser conocida, en los pasillos de Televisión Española como *Ficticia,* porque su vida parecía de película y porque no le importaba presumir de su «chico», alguien tan importante que no podía decir su nombre. Lo que casi nadie sabía era que Letizia no mentía y que a esas alturas del telediario, era la novia del Príncipe de España.

¿Fue una estrategia premeditada de Don Felipe para popularizar la imagen de la futura reina, o el ascenso de Letizia respondían tan sólo a su deseo de colmar la ambición de su chica?

Indudablemente, la operación era demasiado perfecta para que no fuera producto de una compleja estrategia de imagen que pretendía acercar al pueblo español a la que un día sería reina. Letizia ya tenía una privilegiada tribuna desde la que cautivar a la ciudadanía española. Casi cinco millones de personas veían todas las noches el informativo de las nueve de la cadena pública. No había mejor campaña de imagen para la futura Reina de España, Letizia se beneficiaba de la popularidad y la credibilidad gracias a su privilegiado puesto en Televisión Española.

El periodista Jesús Cacho, muy bien relacionado con las esferas del poder y del contrapoder, asegura en su sección «Con Lupa» del diario virtual *El confidencial.com*, que el propio José Antonio Sánchez reconoce haber recibido un mensaje ineludible:

> «Dice José Antonio Sánchez, director general de RTVE, que algo barruntaba cuando, a primeros de septiembre, alguien le pidió que "cuidara a esa chica". Fiel vasallo, Sánchez entendió el recado y la colocó como presentadora, junto a Alfredo Urdaci, del segundo telediario de TVE. Todo se había fraguado en Marivent durante el verano, donde la chica estuvo residiendo durante varias semanas sin que la prensa rosa se percatara».

El periodista sólo comete un error en su artículo, la ascensión de la asturiana al estrellato televisivo, se fraguó en aguas de Mallorca, donde Felipe y Letizia paseaban su amor en un barco desconocido para todos. La joven no pisaría ese verano el Palacio de Marivent, residencia de la Familia Real en Palma de Mallorca.

Letizia se prepara para debutar junto a Alfredo Urdaci, director de informativos de Televisión Española. Su presentación ante los medios ha salido redonda, con páginas en la prensa dedicadas a su gran y meteórica carrera profesional. En las fotografías, se puede ver a Ana Blanco en un discreto segundo plano, mientras que la futura Reina de España, en un taburete que la eleva sobre el resto de sus compañeros, se muestra demasiado segura junto a Urdaci. La cara de Ana Blanco es todo un poema.

El primer día que Letizia presenta el telediario, Don Felipe la observa desde la pantalla de televisión que ocupa, ahora más que nunca, un destacado espacio en su enorme habitación de más de cien metros cuadrados de su recién inaugurada residencia. Nada más terminar el informativo, la pareja comenta por teléfono sus respectivas sensaciones, ella pletórica porque ha llegado donde ambicionaba y él, encantado, porque la ha ayudado a conseguirlo.

La primera estratagema de Don Felipe ha resultado victoriosa. Letizia ha culminado su vertiginosa carrera profesional.

El «Jaque al Rey»

Una vez que Letizia ha superado el estrés y los nervios, provocados por su difícil incorporación al equipo estelar de informativos, llega el momento de presentarla oficialmente a los reyes, sus futuros suegros. Felipe y Letizia ya han hecho, por su cuenta, planes de futuro y de boda, pero aún era pronto para comunicarlo a la familia.

Nunca había sentido con tanta intensidad los calambres que provocan los nervios en su delicado estómago, como el día que atravesó de punta en blanco el umbral del Palacio de la Zarzuela. Había visitado en muchas ocasiones al Príncipe en su residencia, pero sabía que el primer encuentro con los Reyes de España era determinante. Estaba asustada.

El príncipe la recibió con una amplia sonrisa que le infundió valor, animándola a entrar en las estancias privadas del Palacio, donde la Familia Real era una familia más. Pero a pesar de la familiaridad con la que le recibieron los Reyes, Letizia percibe que ser aceptada en la primera familia de España no será fácil. Doña Sofía la observa atentamente, es consciente de que su hijo está absolutamente enamorado y que aquella mujer parece tener demasiada influencia sobre su «pequeño». Aquello no le gusta nada.

Después de conocer a los reyes, el noviazgo se filtra intencionadamente a la prensa. ¿Quién lo hizo y por qué?

El 22 de septiembre, pocos días después de la presentación de Letizia a los Reyes, el reconocido periodista Tico Medina en su segunda aparición en la nueva temporada de *Con T de tarde*, el programa de Terelu Campos en Telemadrid, comenta que el Príncipe tiene novia. El cronista da más datos sobre el nuevo amor de Don Felipe, aunque no desvelará el nombre. Tico Medina concluye su *scoop* diciendo que es española y una cara conocida de la televisión.

Pero la información de Tico Medina no será valorada en su auténtica dimensión, probablemente porque en los últimos meses, cada vez que se relacionaba al hijo de los Reyes con una joven, la burbuja informativa estallaba rápidamente a todos cuantos se hacían eco de ella. Como la fábula del pastor y el lobo: el día que llegó el verdadero, nadie se lo creyó.

El 5 de octubre de 2003, víspera de un viaje oficial a Estados Unidos, Don Felipe plantea a su padre, el Rey Juan Carlos I, la intensidad de sus sentimientos por Letizia y su determinación de hacerla su esposa. A la inicial sorpresa le sigue el rechazo del Jefe del Estado a que contraiga matrimonio con una divorciada. Sería la primera en la larga historia de las Monarquías. La Reina, igualmente le expresa su disconformidad a semejante elección.

El Príncipe reacciona con contundencia, asegurando que está dispuesto a renunciar al Trono si no es aceptada.

Según la biógrafa de la Reina Sofía, Pilar Urbano, sus palabras exactas fueron «Esto es lo que hay, o esto, o lo dejo todo».

Don Felipe decidido asumir su decisión y llevarla hasta sus últimas consecuencias, toma el mando de la situación. Tras visitar Washington y Nueva York, decide no regresar a España como estaba previsto para el día de la Hispanidad y presenciar, como todos los años el Desfile de las Fuerzas Armadas.

El jaque al Rey ha comenzado. La significativa ausencia del Heredero no será pasada por alto y mientras Juan Carlos I, acompañado del resto de la Familia Real, preside el desfile de las Fuerzas Armadas, caen las primeras gotas sobre Madrid, son lágrimas del cielo. La Reina, con su vestido beige coordinado con un abrigo, permanece seria junto al Rey. Sus ojos y su corazón están tristes. Doña Sofía levanta su mirada hacia el cielo y contempla la estela de los caza F-18 y los *Mirage* sobre la Castellana de Madrid. Poco le importa en ese momento el deslucido espectáculo aéreo que, debido a las nubes que se encuentran a tan sólo 250 metros del suelo, obligarán a que se tomen precauciones y la decisión de abrir la formación para que los aviones no se alcancen. Doña Sofía, está apunto de cumplir sesenta y cinco años, la edad de jubilación para la mayoría de los ciudadanos españoles. En ese momento, sólo puede pensar en su hijo Felipe, que está en Nueva York en una demostración de fuerza, mucho mayor que la ofrecida en esos instantes por el Ejército español.

La noche del 12 de octubre de 2003, una vez que los invitados a la tradicional recepción que los Reyes ofrecen en el

Palacio Real por la tarde se han ido, la Familia Real regresa a La Zarzuela.

En palacio y en la intimidad, la familia al completo debate sobre el futuro del Heredero. La Infanta Cristina, principal confidente de su hermano y que ha dado cobijo a la pareja, en numerosas ocasiones, en su casa de Barcelona, defiende la elección de Felipe. Sería una noche larga para todos. En el Palacio de la Zarzuela, la Infanta Cristina se enfrenta, en nombre de su hermano, al resto de miembros de la real Familia. Los argumentos amorosos y el derecho a la felicidad del Heredero, no son razones suficientes para convencer a la Reina Sofía.

Felipe, al otro lado del Atlántico y junto a Letizia, espera en la ciudad de los rascacielos, el desarrollo de los acontecimientos que tiene lugar esa larga noche en Madrid. Hablará en varias ocasiones con su madre, la Reina.

El 13 de octubre, mientras en la prensa arrecian las críticas a Alberto Aza, Jefe de la Casa del Rey, por la ausencia de Don Felipe, la pareja regresa triunfal de Nueva York. En la agenda no hay ningún acto previsto. El asunto que tiene que despachar con su hijo le ocupará todo el día. A diferencia de lo que ocurrió hace unos años, padre e hijo se enfrentarán personalmente al problema. En esta ocasión, no habrá intermediarios ni mensajeros. Juan Carlos de España empieza a ver la situación de otra manera. Su hijo, el futuro Rey, le ha demostrado tener capacidad de mando y ser un gran estratega, lo que a sus ojos le hace valedor de su plena confianza. Felipe puede ser un digno sucesor; de eso ya no le cabe la menor duda. El plante de la Reina no causará efecto en la decisión que toman el Rey y su hijo.

Una de las pocas personas que tienen la confianza y amistad de Don Juan Carlos, cuyo nombre no se puede desvelar, asegura que el plante de Don Felipe, ese «esto es lo que hay, o esto, o lo dejo todo», fue no sólo determinante en la decisión del Monarca para aceptar el compromiso con Letizia, sino que además causó una gran impresión en él. De alguna manera le abrió los ojos. Entre las razones que esgrime para comprender la victoria de Don Felipe, señala la ausencia de Fernando Almansa al frente de la Casa del Rey.

El que ya no estuviera Almansa, facilitó mucho las cosas y fue determinante para que la operación le saliera bien al Príncipe. La influencia que éste ejerció en la "crisis Eva Sannum" y que provocaría que el Príncipe pidiera su cabeza, dejó con poca capacidad de actuación a la Reina, que encontraba en Almansa a su gran cómplice. Quien se plantó en el caso de Letizia Ortiz fue la Reina, mientras que en el de Eva Sannum fue el Rey. A Don Juan Carlos no le gustaba la precipitación y rapidez con que su hijo actuó con Letizia, pero acabó aceptando la situación.

Ese mismo día se decide que el compromiso matrimonial entre Don Felipe y Letizia será comunicado al pueblo español coincidiendo con la Navidad, como es habitual, seis meses antes de la boda y que se celebraría a principios del verano de 2004.

Jaque al cuarto poder

En la imaginaria partida de ajedrez en la que estaba en juego la felicidad del Príncipe Heredero, restaba la última y definitiva jugada: el jaque mate a la prensa, el poderoso cuarto poder que podía echar por tierra su sueño.

La lucha empezará desde dentro, con el apoyo de una periodista, Letizia Ortiz Rocasolano, la mujer que ha conquistado su corazón. Una mujer que conoce y teme como nadie al cuarto poder.

La expresión de «el cuarto poder», en referencia a los medios de comunicación social, fue acuñada en el siglo XIX por el historiador y periodista Thomas Macaulay recogía así el sentimiento de impotencia que expresó un político británico del siglo XVIII cuando sentenció que al paso que iban las cosas, el periodismo sería tan importante como el Parlamento. Y no se equivocó. En los siglos posteriores, el periodismo se erigió en el cuarto poder, detrás de los tradicionales legislativo, ejecutivo y judicial.

Hoy, además de la prensa y la radio, la televisión es el medio más poderoso para ejercitar el «cuarto poder», y también por qué no, el «contrapoder», gracias a su enorme difusión. Controlar la televisión es pues vital para Don Felipe. Quizás aquella cena en la que conoció a Letizia Ortiz en octubre del año 2002, formara ya parte de una estrategia largamente meditada, para hacerse con el control del «cuarto poder», tras su fracaso con Eva Sannum. Hacía poco tiempo que le habían comunicado que no contaba con el apoyo del Rey para casarse con la noruega. No es de extrañar que el Príncipe decida afianzar sus amistades con los representantes del «cuarto poder».

Porque la cena que le pidió a Pedro Erquicia que organizara en su casa de Madrid, no era simplemente una reunión de viejos amigos. El encuentro podría ser una «cumbre del cuarto poder televisivo» celebrada en la fabulosa vivienda del barrio de Salamanca del periodista Pedro Erquicia. Si no hubiera sido por la atractiva presencia de Letizia Ortiz, que acaparó la atención desde el primer momento del Heredero Don Felipe hubiera estrechado más su relación con el resto de periodistas congregados. Menos mal que había llegado acompañado del Jefe de su Casa, Jaime Alfonsín, quien a buen seguro transmitió a los reunidos alguna consigna. No en vano exceptuando al cineasta Emilio Martínez Lázaro y su esposa, el resto de invitados son influyentes periodistas de la televisión: la pareja formada por los presentadores de televisión y periodistas, Luis Mariñas y su esposa, Beatriz Pérez Aranda, el director adjunto de Informe Semanal, Manuel Rubio, el periodista Fermín Bocos y el anfitrión, Pedro Erquicia.

Hay que decir que hasta el momento que conoce a Letizia, Don Felipe no cuenta con demasiados amigos en la profesión. Conoce, eso sí, al restringido círculo de informadores de las actividades y viajes de la Familia Real. Con Pedro Erquicia le une una cierta amistad desde que le hiciera la entrevista que concedió a TVE con motivo de su trigésimo cumpleaños. El único al que realmente le une una gran relación de amistad, a pesar de la diferencia de edad, es Luis María Ansón, actual presidente del periódico *La Razón*. El sí que es un verdadero confidente y cómplice del Príncipe de Asturias.

Con otros colegas, ha mantenido puntuales contactos, casi siempre telefónicos, para consultarles su opinión en momentos decisivos de su vida.

¿Un contraataque organizado desde La Zarzuela?

Tres conocidos y reputados periodistas, Tico Medina, Jaime Peñafiel y Rafael Manzano, *El Búho,* fueron *elegidos* para dar la noticia. Elegidos, porque a los tres les llega la información por medio de una persona «que les merece toda la confianza», que aunque nunca revelen su nombre se intuye muy cercana al Palacio de la Zarzuela. El hecho de que ninguno de los tres pertenezca al círculo de amistades de Letizia o del Príncipe, hace sospechar que quién filtra la noticia, lo hace con la intención de dinamitarla desde la poderosa fuerza de la prensa. Lo más probable es que así se fraguara el primer contraataque a la batalla que había iniciado el Heredero. Quienes estaban en contra del matrimonio entre el Príncipe y la periodista pretenden que se de publicidad al noviazgo que contaba con suficientes ingredientes para que la opinión pública lo rechazase: Letizia tenía pasado.

No es descabellado creer que la maniobra procedía de los enemigos de la relación; si hubiera sido el Príncipe quien hubiera querido filtrar la noticia, habría utilizado presumiblemente las plataformas informativas a su alcance, que durante su noviazgo con la periodista eran muchas. Además, la pareja había planificado continuar en la intimidad la relación hasta que se anunciara, en el mes de diciembre, el compromiso.

Todo parece indicar que nada más presentar a Letizia en el Palacio de la Zarzuela, empezaron a soltar «la broma» y la manera más efectiva era sin duda, utilizando a la prensa.

A Tico Medina, veterano y maestro de muchos, la información le llega el primero y de una manera muy curiosa: «Me encontraba viendo el telediario en casa con un amigo; era el viernes 19 de septiembre. Esta persona cuyo nombre no puedo revelar; es alguien que sabía la noticia de primera mano, una persona de mi total confianza y que nunca me ha fallado. Es alguien leal y muy bien relacionado. Y entonces me dice: "esta es la chica". En la pantalla del televisor veía el bello rostro de la presentadora, Letizia Ortiz».

Acompañante de la Familia Real en sus primeros viajes de Estado, Tico Medina que en su larga trayectoria ha realizado cincuenta mil entrevistas, ha tenido el honor de entrevistar a Don Juan Carlos, cuando era todavía Príncipe de Asturias y al actual, Don Felipe, cuando era sólo un niño de seis años. También llegó a ser un leal confidente de Don Juan de Borbón y Battemberg, Conde de Barcelona, del que guarda un gran recuerdo. El hombre que ha entrevistado a toda una Dinastía de Herederos de la Corona Española, tiene muy buenos contactos con el entorno real. El periodista con cincuenta años de profesión, reconoce en propia persona que «siempre he estado en la cercanía respetuosa de la Casa Real».

Y precisamente esa lealtad a la Casa Real, ese respeto del que hace gala el periodista, le lleva a no desvelar el nombre de la candidata a Princesa de Asturias y mucho menos a descubrir que la joven en cuestión es divorciada. Quizá habían errado en la elección del mensajero.

Letizia y Felipe ya habían hablado de matrimonio cuando Rafael Manzano describió en su sección, *El Búho,* del magazín que dirige Iñaki Gabilondo en la Cadena Ser, el perfil de la novia del Príncipe: española, universitaria, profesional, no perteneciente a la nobleza ni a la aristocracia y de unos 30 años. Pocas horas después, Jaime Peñafiel filtra más datos sobre la futura Reina de España en el programa de María Teresa Campos en Tele 5. La información que dan estos dos periodistas y la velocidad con la que se propaga la noticia, desencadenaría el anuncio oficial del compromiso. La filtración podría causar un auténtico efecto *boomerang,* capaz de decapitar a quien hasta ese momento ostentó la corona. ¿Quién le dijo al *Búho* y a Peñafiel que dieran la noticia y por qué?

Rafael Manzano, *El Búho,* conoce la noticia a mediados del mes de septiembre, coincidiendo también con la presentación informal de Letizia a sus futuros suegros. No le da importancia, porque no suele tratar este tipo de noticias: «Curiosamente quince días después me lo vuelven a comentar. Ya empiezo a darle credibilidad pero no pensaba en ese momento lanzarlo a través de las ondas. Unos días más tarde, mi sorpresa es enorme cuando me insisten en que de forma más o menos inmediata, puede hacerse oficial el compromiso. Realmente la noticia me llega de casualidad, para ser exactos, prácticamente cayó en mi bolsillo. El lunes 27 de octubre me confirman la certeza –continúa. Por supuesto la fuente es sagrada, y no la desvelaré nunca, pero es una persona de mi total confianza y que nunca me ha dejado en la estacada». *El Búho* asegura que la persona que le dio la información no pertenece a la Casa del Rey.

Hasta el jueves 30, Rafael Manzano no consigue contrastar la noticia. Ese día tiene la confirmación definitiva de que se anunciará el compromiso de manera inmediata. El periodista asegura que es entonces cuando «me dan la clave, la decisión de Don Felipe de contraer matrimonio con la periodista, está tomada». El radiofónico cronista muestra su extrañeza por ser él, que nunca informa sobre la Casa Real, que ha pasado mucho tiempo en el extranjero, quién desvelara al día siguiente la noticia: «¿Yo?... qué ni conozco al Príncipe Felipe –se plantea– que crucé una palabra con él en Marruecos cuando la Guerra del Golfo, que ni conozco a Letizia, bueno... la vi en la distancia cuando la entrega de los Premios Ortega y Gasset...»

Su desconcierto era aún mayor, a sabiendas de que las grandes amistades de la futura Princesa de Asturias eran colegas:

> «Me reconciliaba con el género humano y especialmente con mi profesión, saber que algunos colegas, desde luego buenos amigos de Letizia, han sabido guardar el secreto, con lo difícil que es eso en nuestra profesión, tratándose de una noticia de semejante calado».

Jaime Peñafiel, quién siempre se autodefine como leal a la Monarquía pero ni monárquico y menos aún, cortesano tuvo, hasta hace unos años, tras un desafortunado incidente personal que provocó el distanciamiento con la reina, una gran relación con la Familia Real. Trabajó en *Abc* y tuvo la oportunidad de conocer a los entonces recién casados Don Juan Carlos y Doña Sofía. Como director de la revista *Hola,* guardó muchos de los secretos de la Familia. Ha sido gran amigo de todos los Jefes de la Casa del Rey, desde Sabino Fernández Campos hasta Fernando Almansa. Es de esos pocos periodistas que ha compartido la intimidad de la primera familia de España. Sin embargo, aunque no se considera monárquico, el respeto que siente por los Reyes y su familia, no le impide ser crítico con la Institución.

Así, días después de la petición de mano de Doña Letizia, se dirige al Heredero con una «Carta abierta a Don Felipe» que publica el diario *El Mundo*. Según el periodista el gran mérito de Don Felipe, tras elegir a Letizia Ortiz como futura esposa, «ha sido convertir a la Familia Real en una gran familia de clase media», razón por la que su decisión es de «gran aceptación popular».

Pero sin duda lo más revelador del artículo, es como el periodista relata la forma en que le hacen partícipe de la noticia, aunque como es lógico, no revelará su fuente si da algunas pistas muy interesantes:

«La sorpresa, tras el anuncio oficial, como hecho consumado, del compromiso, me dejó al borde del infarto... Me gustaría que los hechos de su vida no formaran parte de mi preocupación. Pero, como ha escrito, el británico Roy Hattersley "la fe en la sucesión hereditaria hace que los reyes y su familia sean de propiedad pública. De todos modos espero que para la boda esté ya en condición de sumarme al coro de periodistas, babosos y cortesanos, que han surgido en los últimos días... Ignoro si éramos muchas o pocas las personas que conocíamos la noticia. Le confieso que hace un mes (a mediados de octubre de 2003) un personaje, que le sorprendería saber, me hizo llegar la noticia de que usted mantenía relaciones con "una española" (no me desveló el nombre), profesional (no me dijo de qué) y divorciada (desconocía de quién). A pesar de la categoría de mi informador, ¡ay si usted lo supiera! No sólo no le concedí la menor credibilidad, sino que consideré su información absurda, ridícula y descabellada... A los siete días insistió... una semana antes de estallar la bomba informativa, anticipé a Teresa Campos, directora-presentadora del programa *Día a Día* de Telecinco, en el que colaboro habitualmente, "que estaba investigando una información sobre el Príncipe".Pero seguía sin creerlo. De haber creído lo que mi informador, más conocido suyo que mío, me decía, no hubiera sido yo quién abriera ese melón para exponerlo a un debate mediático».

Letizia que, hasta el momento en que ella misma se convierte en noticia, presentaba el informativo de las nueve de la noche de la cadena pública, no era una desconocida para nadie, ni para los españoles ni para los periodistas.

Sin embargo, muy pocos sabían que era la mujer que ocupaba el corazón de Don Felipe y menos todavía, los que podían imaginar que Felipe iba a casarse con ella. Aquella joven y bella mujer, distante, distinguida y segura de sí misma no había tenido tiempo de calar en los hogares de sus futuros *súbditos* aun cuando hacía poco menos de dos meses que presentaba aquel informativo. Antes de que la mayoría de la población supiera que tenía 31 años y un divorcio a sus espaldas, la posibilidad de que la periodista fuera la novia del Heredero de la Corona había sido desechada por inapropiada por sus propios colegas de profesión.

Por eso, sólo dos agencias de noticias, Europa Press y Korpa, viendo el interés que despertaba la noticia para la prensa y los programas de televisión, estaban dispuestas a seguir esa historia que, Medina, Manzano y Peñafiel habían lanzado a través de las ondas.

Horas después, algunos paparazzi ya sabían que el nombre que nadie se atrevía a dar, era Letizia Ortiz y que ésta, se encontraba comiendo como hacía habitualmente en casa de su madre en el madrileño barrio de Moratalaz. Pero cuando los reporteros localizan la residencia de la futura suegra de Don Felipe, Paloma Rocasolano, Letizia se ha escapado. La presentadora antes de que dieran las tres de la tarde, se encontraba de camino al *Pirulí*, apenas a cinco minutos en coche de la casa de su madre.

CAPÍTULO 7

OPERACIÓN SILENZIO

Cuando el conocido periodista Jaime Peñafiel, declaraba tras la ruptura de Don Felipe con Eva Sannum, que los medios de comunicación se sorprenderían un día con la noticia de un anuncio de compromiso matrimonial del Príncipe Felipe, muchos dudaron de su «profecía». Peñafiel, gran conocedor de los entresijos de la Casa Real, ya tenía algunos datos que le habían facilitado sus «confidentes reales» para asegurar tan sorprendente convicción. No había ninguna mujer en la vida del Heredero y el conocido periodista mantenía una teoría que año y medio después sería incuestionable. Y es que la *Operación Silenzio* se comenzó a fraguar antes incluso de que existiera una candidata a Princesa de Asturias.

«Nos enteraremos todos por un comunicado oficial. Que se olviden los paparazzi de los tiempos en que era posible hacer una foto del Príncipe con su novia. Los periodistas nos enteraremos al unísono de que Don Felipe tiene novia y se anunciará en ese momento la boda.» *(Jaime Peñafiel)*

La Casa del Rey diseñó antes del verano de 2003 un plan especial de seguridad para preservar la intimidad del Príncipe y evitar que tras su ruptura con la modelo Eva Sannum, pudiera ser fotografiado con otras jóvenes. Aunque cometieron dos fallos: a finales de abril y mientras la prensa especulaba sobre una posible relación sentimental entre Don Felipe y la bella Diana Martínez Bordiú, fue fotografiado con una joven y rubia alemana saliendo del domicilio de un amigo. Apenas un mes más tarde era sorprendido nuevamente con otra rubia a la que nadie pudo identificar. La chica se tapaba la cara al introducirse en el coche del Príncipe de Asturias.

Quizá fueron estos dos hechos aislados, que ponían de manifiesto las fisuras que existían en cuanto a la seguridad del Príncipe, lo que provocó la necesidad de reforzar el sistema y cambiarlo radicalmente. Otra teoría al respecto, defiende que fue a raíz de que el Heredero estrechara su amistad con la periodista Letizia Ortiz en julio de 2003, cuando se refuerza la seguridad de Felipe de Borbón. La razón que la sustenta, se basa en la dificultad que entrañaba el hecho de que la nueva acompañante de Don Felipe fuera un rostro conocido para la mayoría de los españoles por su trabajo en Televisión Española.

Sea cual fuere la razón, lo cierto es que se producen ciertos cambios en el sistema operativo que protege a Don Felipe, que no suponen, sin embargo, un aumento de efectivos. Los escoltas de la Casa Real que habitualmente acompañan al Príncipe en cualquiera de sus desplazamientos privados, ya son lo suficientemente numerosos. Por lo general, al menos tres o cuatro coches con dos escoltas cada uno, lo acompañan cada vez que sale a cenar o a dar una vuelta con sus amigos. Además de los que forman el círculo más próximo al Heredero, otros tantos efectúan un barrido de la zona previo a la llegada del Príncipe. No es exagerado que se revisen alcantarillas cercanas o que perros especialmente entrenados para detectar explosivos, olfateen cada coche y cada esquina en un radio de doscientos metros del lugar elegido. Cada desplazamiento de cualquiera de los miembros de la Familia Real supone un gran despliegue de miembros de las Fuerzas que los protegen: Policía Nacional, Guardia Civil y Guardia Real. Las salidas privadas del Príncipe Felipe, jamás son improvisadas. Lo normal es que se avise al establecimiento con varias semanas de antelación a su presencia.

Pero, ¿cómo proteger la relación de Don Felipe con la conocida presentadora? El Príncipe a medida que su relación con Letizia se estabiliza, y a petición de su novia, plantea la intervención de los servicios de seguridad de la Casa del Rey para preservar su amor de la opinión pública.

Este plan especial de seguridad, pone incluso de manifiesto la desconfianza en las filas del personal que compone la Escolta del Heredero. En las escasas ocasiones que se ha podido fotografiar a Don Felipe con las mujeres que ocuparon su corazón y, especialmente, con Eva Sannum, provocaron el relevo de la mayoría de los miembros de su seguridad personal: buscaban un *topo*. Tras descartar a algunos amigos «bajo sospecha» que fueron eliminados del restringido círculo, la Guardia Real creyó que la filtración venía desde dentro. Así que para evitar que esto pudiera repetirse, se decidió limitar el acceso a los movimientos del Príncipe de Asturias. En realidad se trataba de llevar, hasta sus últimas consecuencias, un lema tan primitivo como el de reducir la información al mínimo: «*Quién no sabe no puede hablar*». La información completa sólo la tiene una persona, además del príncipe y su novia. Es lo que algunos periodistas han bautizado como la estrategia de la *paella* que se fundamenta en un principio tan básico como el que expone la revista Interviú:

«Desde la ruptura de su relación con Eva Sannum, el Príncipe, de natural precavido, levantó un auténtico blindaje que impedía que una sola persona tuviese toda la información de sus movimientos. Unos tenían el arroz, otros el agua y otros el marisco, pero sólo él sabía en dónde iba a cocinar la paella». *(Revista Interviú)*

Letizia sabe que deberá renunciar a compartir su privacidad con sus amigos, la mayoría periodistas, y que tendrá que mantener unas estrictas normas si quiere que la relación salga adelante y que, en caso de que no prospere, no afecte a su carrera profesional. El Heredero, por su parte, después de ver como la prensa destrozaba la imagen de la que hasta entonces, había sido su gran amor, Eva Sannum, no estaba dispuesto a volver a cometer los mismos errores. Sabía que no podía exponer a Letizia al juicio de la opinión pública, un sacrificio que podía suponer, sin duda alguna, el fin de su carrera profesional.

Ambos son conscientes de la necesidad de que su relación se circunscriba a un elegido y reducido número de personas, entre los que se encontraban además de los respectivos padres de la pareja y sus familiares más directos, unos pocos amigos. La pareja no deja nada a la improvisación ni al descuido y con el mimo con el que protegerán durante meses su incipiente relación sentimental, debaten largamente sobre la táctica a seguir, sobre qué decir y a quién. Sólo un puñado de personas serán cómplices del gran secreto: en el caso de Don Felipe, sus leales, Álvaro Fúster y Javier López Madrid, en cuyas casas la pareja ha mantenido varios encuentros y por parte de Letizia, sus íntimas amigas, las periodistas Almudena Ariza, Gina Montaner, y Sonsoles Onega, compañeras de CNN Plus. En un segundo nivel de confianza se sitúan otros conocidos, con los que coincidirán en alguna ocasión y que saben que salen de vez en cuando, pero ignoran que entre ellos hay una relación muy especial. Negar a este grupo que se conocen hubiera despertado aún más suspicacias.

Para preservar su idilio en la más absoluta intimidad se imponía una nueva norma: que cada uno siguiera con sus hábitos y compañías, acudiendo a jugar al pádel con los amigos y dejándose ver en otras compañías en el caso del Príncipe o en fiestas con su todavía íntimo amigo, David Tejera o practicando natación en la piscina pública de Moratalaz, en el caso de Letizia. Las cenas y copas con las pandillas que no tenían acceso al romance también continuaban; no hacerlo levantaría sospechas.

En verano, Letizia asesorada por los servicios de seguridad de Don Felipe, compra una plaza de garaje en el edificio donde tiene en propiedad un piso de dos habitaciones. La mejor manera para evitar que puedan fotografiarla a ella o a Don Felipe entrando en su casa, es hacerlo por el garaje. También alquila una plaza en la cercano domicilio de su madre, Paloma Rocasolano, a donde suele acudir a almorzar o cenar con frecuencia.

De este modo, se reducen las posibilidades de que los inquilinos de aquel bloque de viviendas tengan conocimiento del noviazgo de Letizia y Felipe. Tan sólo si alguno coincide con ellos en el parking o en el ascensor, el romance podría ser descubierto. En cualquier caso, aunque nadie ha reparado en el por qué, hace unos meses que es habitual ver en las proximidades de la casa de la presentadora, en la calle Ladera de los Almendros, coches de cristales tintados y repletos de antenas. La presencia de escoltas no levanta demasiadas sospechas. Muy pocos saben que es el Príncipe quien frecuenta el barrio y la compañía de la presentadora. Èl le regala un Audi A3, lo que parece justificar a los ojos de sus vecinos, la razón de que haya adquirido una plaza de garaje. Su habitual utilitario, un Seat Ibiza desaparece del popular barrio.

Para el resto de los compañeros y amigos de Letizia, buscan una coartada perfecta y siempre la misma, para evitar que nadie desconfíe. Su novio es un diplomático, que se llama Juan. Todos saben a principios de verano que su noviazgo con David Tejera, presentador de Deportes de Canal Plus, ha terminado después de tres años de relación y convivencia. Sin embargo, los encuentros entre la pareja de periodistas continúa y David acude con Letizia en junio a la entrega de unos premios. Incluso pasarían unos días de vacaciones en la discreta isla de Formentera en las Baleares.

Era fundamental mantener la normalidad para evitar las sospechas. Para ello, nada debía despertar las suspicacias del entorno más cercano a Letizia, que paradójicamente pertenecían al gremio *maldito* al que se trataba de mantener al margen de lo que estaba sucediendo. Letizia continuó saliendo con su grupo de amigos de toda la vida, acudía a fiestas cuando la requerían y seguía con su vida normal, aunque desde el mes de agosto, ya sin pareja conocida. Por su parte, el Príncipe mantiene su agitada agenda y aprovecha todas las oportunidades que se presentan para escaparse con su novia. Entre semana no tenían demasiadas ocasiones para verse, pero los fines de semana, Letizia procuraba no hacer planes con nadie y cuando la llamaban sus amigos se excusaba para poder ver a Don Felipe. Los encuentros en Madrid, en casa de Letizia o en la del Príncipe, así como en casas y fincas de los amigos de Don Felipe empiezan a ser más frecuentes. También cuentan con la complicidad de la Infanta Doña Cristina, en cuya casa de Barcelona han tenido la privacidad suficiente para encontrarse en algunas ocasiones.

Cuando algunos viejos amigos le preguntan como está de amores, ella contesta que está enamorada «pero no te puedo decir de quién, cuando te enteres te vas a quedar de piedra». Incluso alguno de los más íntimos le llega a decir: «Si te casas me avisaras ¿no?» a lo que ella, entre risas, contesta. «No te preocupes; te enterarás seguro».

Tras el comunicado anunciando el compromiso oficial, el 1 de noviembre de 2003, se pone en marcha de modo precipitado la segunda fase de la operación diseñada por el Príncipe y su gabinete, para que la imagen de Letizia sea impecable como corresponde a una futura Reina de España: la OPERACIÓN SILENZIO.

Ambos, Doña Letizia y Don Felipe, reconocerán en su primer encuentro público que si bien la decisión de contraer matrimonio había sido muy meditada, les hubiera gustado disponer de más tiempo. Todo se aceleró a raíz del inicio de las especulaciones en torno a su amistad. La pareja hubiera preferido continuar durante unos meses con su relación privada pero la noticia que había destapado aquel 31 de octubre, Rafael Manzano y que minutos después confirmaba Jaime Peñafiel, habían puesto en el punto de mira a Letizia Ortiz. Don Felipe no iba a permitir que su novia fuera objeto de comentarios, rumores y chismes malintencionados por parte de tertulianos del «corazón», monárquicos ortodoxos ni columnistas de afilada pluma. En menos de veinticuatro horas, el «presunto» romance se haría oficial. El comunicado de la Casa del Rey anunciando la próxima boda del Príncipe y la periodista, fue suficiente para acallar las críticas.

La fuerza del corazón

La fuerza del corazón no es el título de una novela romántica de Corín Tellado, sino la expresión que mejor refleja la situación que la llamada «prensa del corazón» vive en nuestro país. Un negocio que genera cientos de millones de euros y que supera con creces, en rentabilidad y audiencia a cualquier otro género informativo. Así, en la difusión española de la prensa escrita, se lleva la palma la prensa rosa o del corazón. En la actualidad existen ocho revistas especializadas exclusivamente en prensa rosa de periodicidad semanal. Como ejemplo, sirva este análisis realizado en el año 2002, que recoge un muestreo de las ventas de periódicos y revistas semanales por sectores:

Encabezan este ranking, las revistas del corazón:

Pronto, Hola, Lecturas y *Semana* suman semanalmente 2.104.107 de ejemplares vendidos.

Los grandes diarios como *El País, El Mundo, La Vanguardia* y *Abc* apenas llegan a la mitad: 1.210.991.

Por último, la prensa deportiva con cabeceras como *Marca, As, Mundo deportivo* y *Sport* tiene una tirada media de 768.740 ejemplares.

Al no existir en España prensa sensacionalista y siendo la prensa del corazón respetuosa con la Monarquía, el verdadero problema al que se enfrenta La Zarzuela es la televisión. La fuerza de este medio es evidente y las opiniones e informaciones de los tertulianos hacen mella en la opinión pública.

Y es que desde el año 1990, con la aparición del primer programa de televisión de crónica *rosa*, el mordaz *LO MÁS PLUS* y, posteriormente el veterano, *CORAZÓN, CORAZÓN* de Televisión Española, la escalada de programas del «corazón» ha sido espectacular en nuestro país. Un fenómeno al que los profesionales dedicados al estudio de las tendencias televisivas han denominado *la tele en rosa*. Así la página Web de Geca, la empresa que analiza las audiencias televisivas, incluye desde hace tres años un informe dedicado al estudio de este subgénero:

«La progresiva importancia de este subgénero y la notable acogida que consigue entre el público español es cada vez más destacable. El número de espacios de temática rosa y su rendimiento en términos de audiencia en el panorama televisivo nacional sigue demostrando que el subgénero "rosa" continúa en auge y alcanza cotas máximas en 2003». (Informe *La tele en rosa* de GECA).

Hoy, las tertulias de «corazón» acaparan la programación televisiva de la mayoría de cadenas desde primeras horas de la mañana hasta la noche. En algunas cadenas nacionales y autonómicas, estos contenidos representan hasta el 30 por ciento de las horas de emisión, del «amarillo al rosa pasando por la crónica negra», el género admite todas las modalidades. Los ha habido de todos los colores y formatos: respetuosos como: *Extra Rosa, Sabor a ti, Con T de Tarde, Gente y Corazón, Corazón;* irónicos como los pioneros del género *Lo más plus, ¡Qué me dices! y* escandalosos como *Aquí hay tomate.*

Así por ejemplo Antena 3 Televisión dedica diariamente más de cuatro horas al comentario sobre las noticias de los famosos. Aunque Telecinco casi dobla a la anterior: *Día a Día* de María Teresa Campos, dedica un tercio de su tiempo a la crónica social, *Aquí hay tomate* su totalidad y *A tu lado* y *Crónicas Marcianas* tratan la vida privada de personajes de la farándula y la sociedad junto otros personajes «recién nacidos» en el seno de programas de la propia cadena como *Gran Hermano* o *Hotel Glam.* De este modo, las cadenas crean nuevos personajes, auténticos «monstruos televisivos», que retroalimentar los contenidos de sus programas.

Dentro del género de la tertulia, los hay que combinan la crónica rosa con los testimonios aunque cada vez más, lo que funciona son los enfrentamientos. El tono viene dado por los dictámenes del director del espacio, el presentador y sus colaboradores, aunque en los dos últimos años la tendencia hacia contenidos e informaciones más atrevidas es cada vez mayor en algunos programas, provocada por la respuesta positiva del televidente.

El interés por el mundo del corazón en los últimos tiempos, con la aparición de programas como, *Tómbola, Aquí hay tomate, SalsaRosa, Crónicas Marcianas, ¿Dónde estás corazón?* y *Como la vida* traía de cabeza a los asesores de imagen de palacio. En los últimos dos años, la feroz competencia entre las distintas cadenas, había llevado a un género hasta ese momento «amable» a descubrir la cara oculta de los personajes del papel *couché*. Artistas, hasta entonces respetados, como Andrés Pajares, Rocío Jurado, Fernando Esteso, Isabel Pantoja o Norma Duval sufrieron los ataques de una prensa que bebía del más puro sensacionalismo y de los detalles más escabrosos de su vida íntima.

Ante semejante panorama, el mismo día de Todos los Santos y por si no fuera suficiente con el anuncio oficial del compromiso matrimonial de la Casa Real, la mayoría de los directores generales de las cadenas de televisión reciben llamadas para que los comentarios sobre la idoneidad o no de la elección del Heredero se realicen desde la prudencia. La consigna casi generalizada que llega a los directores y colaboradores de todos los programas es más o menos la siguiente: *«la chica es estupenda, muy guapa e inteligente, una compañera respetada y el hecho de que esté divorciada no tiene la menor importancia. No olvidéis que estáis hablando de la futura Reina de España».*

Algunos periódicos recogían la preocupación de la Casa Real por el tratamiento dado en algunos programas de televisión a los detalles del noviazgo del Príncipe y Letizia Ortiz. En los medios llega a asegurarse que desde el Palacio de la Zarzuela se estudia la manera de poner en marcha un efectivo «tratamiento de choque contra la telebasura».

El 1 de noviembre, nada más conocerse la noticia de la boda de Don Felipe con Doña Letizia, los informativos de Televisión Española evitan la información sobre el estado civil de la novia. Pecando incluso de una prudencia malentendida, en el telediario se llegó a decir que si bien Letizia había estado casada con el escritor Alonso Guerrero, su matrimonio fue anulado, lo que presuponía un primer matrimonio eclesiástico. Días después, rectificarían reconociendo que obtuvo el divorcio al año de su boda civil. La «confusión» de La Primera podía provocar todavía mayor malestar en la sociedad y en la Iglesia.

El resto de informativos se limitó a leer el comunicado que anunciaba el compromiso matrimonial del Príncipe de Asturias, Don Felipe de Borbón con Doña Letizia Ortiz Rocasolano y una pequeña semblanza de los futuros Reyes de España. De Letizia Ortiz no había apenas datos, exceptuando su currículum profesional que estaba publicado en la página web de Televisión Española, dónde se especificaba su edad y que había nacido en Oviedo.

El único programa de corazón que se emitía ese día en directo, era *Salsa Rosa* de Telecinco. La responsabilidad era enorme y a nadie se le escapaba que el programa sería examinado con lupa desde Zarzuela. Directivos de la cadena, asesores de la Casa del Príncipe y por supuesto, Letizia Ortiz y Don Felipe estaban pendientes de la emisión. Las informaciones y comentarios que se vertieran en el conocido programa marcarían la tendencia de las próximas semanas.

El programa empezó a las nueve y veinte de la noche y la noticia provocó un drástico cambio de su estructura habitual y de los contenidos.

Al día siguiente, Antena 3 realizó un programa especial de *Sabor a Ti* presentado en directo por Ana Rosa Quintana. Durante la emisión se llevó a cabo una encuesta entre sus espectadores con la intención de pulsar la aceptación de la sociedad española. El 70 por ciento votó a favor de Letizia

Ortiz como futura Reina de España mientras el 30 por ciento votaba en contra. Una semana después se repitió la encuesta y los resultados habían dado ya la vuelta: tan sólo un 30 por ciento de los españoles votaba a favor de la elección del Príncipe. Acto seguido, desde la dirección de la cadena, sugirieron a los responsables del programa que dejaran de pulsar la opinión de la audiencia.

En Televisión Española, la maniobra para controlar la información sobre la pareja fue relativamente sencilla. Aproximadamente dos años antes y prácticamente coincidiendo con la ruptura del Príncipe Felipe con Eva Sannun, a los programas de contenido social de la cadena les estaba prohibido dar información sobre la Casa Real. La autocensura impuesta en el Ente Público no pasó desapercibida por el resto de medios de comunicación que dedicaron noticias y editoriales al «real» asunto. Los directores de los programas *Corazón, corazón, Gente y Corazón de...* tenían asumida la política de la Casa pero no podían creer que la noticia sobre el anuncio del compromiso matrimonial del Príncipe Felipe también les fuera vetada. La orden era tajante: *«Sólo los programas informativos están autorizados a dar la noticia»*.

El imperativo venía de altas instancias y no admitía posibilidad de réplica. El programa *Gente*, líder en su franja, actuó en consecuencia y ya que no podía dar la única noticia que aquel día interesaba a la audiencia, decidió hacer el 3 de noviembre un programa especial de sucesos. Dos semanas después, el jefe de informativos de Televisión Española concedía unas declaraciones a la agencia Europa Press durante la presentación del libro de *Informe Semanal* publicado con motivo del treinta aniversario del programa. Alfredo Urdaci aseguraba rotundo: *«los programas de corazón en Televisión Española tienen los días contados»*. Si las afirmaciones del director de informativos respondían a sus propias opiniones personales o no, es todavía un misterio a la hora de escribir este libro. Pero lo cierto es que fuentes de la cadena confirmaron de manera extraoficial que la posibilidad de que esto ocurra no es tan remota.

Esa misma semana, la responsable del programa *Con T de Tarde* de Telemadrid sufrió una reprimenda del director general de la cadena tras la emisión de unas imágenes de la habitación donde pasaron su primera noche de casados, Letizia Ortiz y su primer marido, Alonso Guerrero. Tras la victoria, días más tarde, de la *popular* Esperanza Aguirre en la Comunidad de Madrid, empleados de la cadena autonómica dan por segura la desaparición de programas de corazón como *Mamma Mía* de la programación.

A medida que avanzaba la semana y se conocían más detalles de la vida de la prometida de Don Felipe, también se ponían a salvo informaciones comprometidas. Había una clara política de respeto a la Institución y desde varios medios de comunicación se hicieron desaparecer imágenes, documentos e informes sobre la vida íntima de la prometida.

Así, de manera absolutamente casual, una agencia de noticias supo que en los días inmediatamente posteriores a hacerse pública la noticia, efectivos de la policía visitaron la consulta del ginecólogo de Letizia situada en el barrio de Vallecas de Madrid. El sorprendido doctor fue requerido para entregar el historial médico de la prometida de Don Felipe. No fueron los únicos documentos que fueron retirados de los archivos de consultas y hospitales madrileños.

La curiosidad ya no sólo de la prensa sino también del resto de ciudadanos que tenían la posibilidad de acceder a información confidencial sobre la futura Princesa de Asturias, era enorme. Así la noticia de que casi un centenar de trabajadores de una compañía telefónica había accedido a los datos personales de la novia del Heredero trascendió a la opinión pública.

Algunos fueron sancionados por husmear en el registro de las llamadas telefónicas de Doña Letizia. La Agencia EFE distribuía la noticia, el miércoles 19 de noviembre de 2003:

«Telefonistas, sancionadas por mirar los datos de Letizia.

Atento Telecomunicaciones, una empresa filial de Telefónica dedicada a la venta telefónica, ha sancionado a alrededor de medio centenar de telefonistas de diferentes centros de trabajo en España por curiosear datos de la factura de Letizia Ortiz, prometida del príncipe Felipe. Alfredo Mesa, coordinador del sindicato UGT en Telefónica de Sevilla, explicó que las sanciones, de 11 días de suspensión de empleo y sueldo, afectan a 11 telefonistas en la sede sevillana, 35 en la de Madrid y el resto, hasta totalizar más de medio centenar, a centros de otros puntos de España.

El representante sindical expresó su disconformidad con las sanciones, que considera demasiado severas respecto a casos similares descubiertos en el pasado, y además manifestó que es "absurdo" que tantos trabajadores hayan incurrido en el mismo error porque este tipo de consultas siempre quedan registradas, ya que para hacerlas hay que introducir el número de matrícula del empleado. UGT tiene "dudas sobre el fundamento y que las sanciones sean las apropiadas", aseguró Mesa, por lo que va a investigar el proceso por el que la dirección de la empresa ha averiguado las consultas realizadas. Según algunas informaciones, las telefonistas sancionadas accedieron "sin ninguna causa justificada" a los datos personales de Letizia Ortiz en los días posteriores al anuncio de su compromiso con Felipe de Borbón, y pudieron conocer aspectos como su edad, DNI, dirección o número de cuentas bancarias».

No sólo las Fuerzas de Seguridad del Estado y la Casa Real participaron en la *Operación Silenzio*. La propia Letizia se encargó de llamar en persona a los hombres con los que había compartido su vida, desde su ex marido, Alonso Guerrero hasta su ex novio más reciente, el periodista David Tejera. A laperiodista y a los asesores de prensa de La Zarzuela, les preocupaba especialmente que las fotos de la anterior boda de Letizia y Alonso Guerrero pudieran ver la luz. Una cosa es que se supiera que había estado casada con anterioridad y otra, muy diferente, que toda España pudiera contemplar las imágenes de la futura Reina de España en el día de su boda con el escritor. El álbum familiar estaba en manos de Letizia, pero otros amigos y familiares tenían en su poder imágenes de la pareja en tan señalada fecha. Por otro lado, resultaba especialmente peligroso el vídeo de la ceremonia y su posterior celebración en el restaurante «El paraíso». Por suerte, el vídeo había sido un regalo de sus compañeros de la Agencia EFE. Una copia estaba en poder de la agencia estatal por lo que no existía peligro de que pudiera comercializarse y los novios tenían otra. Por aquellas imágenes una agencia internacional había llegado a ofrecer 690.000 euros por los derechos de comercialización. Era una cantidad demasiado tentadora y la noticia fue recogida en algunos medios de comunicación nacionales y extranjeros.

> «Millonarias ofertas por las fotos de primera boda de Letizia. Una agencia ofreció 690.000 dólares por varias imágenes y testimonios del primer matrimonio de la novia de Felipe. También se han llegado a ofrecer 55.000 dólares por cualquier fotografía de esa boda y más de 200. 000 por un fragmento del vídeo». (Redacción IBLNEWS)

El acta matrimonial estaba en los archivos del ayuntamiento de Almendralejo, desde aquel 7 de agosto de 1998 en que la pareja contrajo matrimonio civil. Fue uno de los documentos que, nada más anunciarse el compromiso nupcial, sería guardado bajo llave. Fue retirada de los archivos de la Casa Consistorial a petición del Palacio de la Zarzuela. El alcalde del Partido Popular que les había casado en 1998, era íntimo amigo de la pareja. Era la primera boda que ofició por lo que incluso tenía fotos de la ceremonia. Fue otra de las personas que todos los medios de comunicación tentaron para que relatara en programas de televisión sus recuerdos. También el dueño del restaurante «El Paraíso» fue objeto de tentadoras ofertas por diferentes medios de comunicación. Hizo algunas declaraciones a la prensa escrita y le ofrecieron participar en el programa *Tómbola* de Canal 9. Cuando su intervención ya estaba cerrada, el propio hostelero tuvo que llamar para cancelar su presencia. No fue la única persona que, en esos días, recibió la llamada que le conminaba a guardar silencio.

Compañeros de trabajo de los diferentes medios en los que había trabajado Letizia fueron entrevistados en las horas inmediatamente posteriores al anuncio. El lunes siguiente, empezaron a cancelar las entrevistas que ya habían pactado con agencias de noticias, revistas y periódicos. En Televisión Española, la orden era inequívoca: *«nada de hablar de vuestra compañera Letizia con el resto de colegas»*. Los trabajadores del Ente Público fueron advertidos de que se abriría expediente disciplinario a quién hiciera declaraciones a la prensa. Tan sólo se les permitió hablar para el programa especial que emitió Televisión Española tres días después del anuncio.

Según avanzaban los días, la prensa encontraba más dificultades para realizar su trabajo. Los reporteros gráficos, apostados noche y día en el domicilio de Letizia Ortiz en Valdebernardo, sufrieron lapresión de la Guardia Real. En las escasas oportunidades en las que tuvieron a tiro de cámara a Letizia Ortiz, los escoltas impidieron que realizaran una sola fotografía. El miércoles posterior a la noticia, Letizia se acercó hasta su antiguo domicilio. Los miembros del equipo de seguridad advirtieron a los periodistas: «*no vais a poder hacer nada y que no se os ocurra seguirla*».Tras una breve persecución por las calles adyacentes al domicilio, los escoltas cerraron el paso a los periodistas que les seguían. Mientras la futura Princesa de Asturias se alejaba de los objetivos indiscretos, la Guardia Real detenía a sus perseguidores en plena calle.

Acto seguido, la futura princesa se encaminó a la «calle de la moda» en Madrid, Ortega y Gasset, donde las firmas más prestigiosas poseen sus boutiques. Iba de compras. Necesitaba un modelo para la petición de mano que se celebraría al día siguiente. Le acompañaba una persona de Protocolo de Zarzuela y escogieron, en la tienda del diseñador italiano Giorgio Armani, cinco modelos diferentes. La discreción de los empleados impidió que trascendieran más detalles, además, los servicios de seguridad de la Casa del Rey requirieron las imágenes grabadas por el circuito cerrado de televisión del establecimiento.

Otra de las anécdotas que describen de manera muy gráfica los extremos a los que ha llegado el equipo de seguridad que protege la intimidad de Doña Letizia, se producía a mediados de noviembre en una peluquería del barrio del «Lucero», situada en una zona de clase trabajadora de la capital, propiedad de una amiga de la periodista. Según una testigo, que acudía con su hermana, se encontró, a pesar de su cita, que estaba cerrada y que varios miembros de la Guardia Civil custodiaban la puerta de acceso. Tras indagar sobre lo que ocurría, descubrieron que quién se encontraba en su interior era la prometida del Príncipe. La mujer tenía una pequeña cámara de fotos que provocó la alarma entre los guardias. Para evitar que fuera fotografiada, Doña Letizia utilizó una ventana situada en la parte trasera del salón de belleza que daba al garaje del inmueble. Con la ayuda de una escalera, Letizia consiguió escapar sin ser vista.

El 24 de noviembre, la prometida del Príncipe regresaba nuevamente a su domicilio, esta vez acompañada de su madre y su hermana para hacer una pequeña mudanza. Desde el mismo día de la petición de mano, residía en el Palacio de la Zarzuela. Tras recoger algunos objetos personales en cajas, salieron del edificio por el garaje del inmueble. A la salida, esperaban tres fotógrafos que no pudieron disparar sus cámaras ante la avalancha de efectivos. Doce escoltas consiguieron reducir a los desesperados *paparazzi*. Llevaban casi un mes de guardia en la casa.

Dos días más tarde, Letizia volvía a la redacción de Informativos de TVE. El motivo de su visita era despedirse de sus compañeros. Un fotógrafo y un equipo de televisión de la agencia Europa Press estaban de guardia y pudieron captar las primeras imágenes de la prometida del Príncipe. Conseguían con ello una importante exclusiva. Pero los escoltas les reclamaron las cintas de vídeo y la tarjeta de memoria que contenía las fotografías digitales. Lógicamente, los reporteros no pretendían entregar el valioso material pero los guardias se las arrebataron enérgicamente.

Aunque la Casa del Rey no suele actuar en contra de los medios de comunicación por las opiniones o informaciones que puedan producir malestar a los miembros de la Familia Real, el diario Deia fue incialmente demandado por injurias a la Corona. En una página interior del suplemento aparece un fotomontaje de la pareja y el comentario siguiente: «se teme que hayan tenido relaciones prematrimoniales». Según los artículos 490 y 491 del Código Penal, autores de injurias a la corona pueden ser condenados a una pena máxima de dos años de cárcel. Días después, la querella fue retirada a petición de la Casa Real.

Un día antes que se cerrara la edición de este libro, el periódico *Abc* aseguraba que el grupo editorial noruego SE OG HOR había ofrecido un cheque en blanco a Eva Sannum por revelar detalles de su relación sentimental con Don Felipe de Borbón. La veracidad de esta noticia no se pone en duda desde la redacción del semanario noruego aunque no trascenderá a sus redactores. «Si esto es cierto o no, no lo sabemos –aseguran algunos empleados– sólo que en España se especula sobre esta posibilidad». Pero el especialista en Casas Reales del semanario noruego SE OG HOR, Kgel Arne Totland, asegura que la modelo recibió la oferta y que no la ha aceptado. Totland, gran amigo de la modelo noruega con quién mantiene un contacto semanal desde hace varios años, asegura que «Eva no está dispuesta a hablar. De su boca no saldrá ninguna palabra sobre su relación con el Príncipe de Asturias. Ella tiene muy claro que eso pertenece a su intimidad». Una vez más, la noruega que conquistó el corazón de Felipe de Borbón, demostraba que tenía principios y daba una lección de honestidad y dignidad a la escéptica opinión pública.

Como demuestran los testimonios de los fotógrafos agredidos y los silencios de quienes podrían dar una opinión discordante sobre el asunto, el debate está servido y la *Operación Silenzio* sigue en marcha. ¿Quién pone los límites a la libertad de expresión y al derecho a la información?

CAPÍTULO 8

UNA REINA PARA EL SIGLO XXI

«Era la negra, negra soledad de las islas,
y allí, mujer de amor, me acogieron tus brazos.
Era la sed y el hambre, y tú fuiste la fruta.
Era el duelo y las ruinas, y tú fuiste el milagro.»

Y el milagro llegó para el Príncipe Heredero, Don Felipe de Borbón y Grecia, como para el poeta chileno Pablo Neruda en estos versos de *La Canción Desesperada*, publicados en la primera edición del libro en 1924. Se llama Letizia.

El milagro del amor, ese complejo sentimiento maravilloso que turba a hombres y mujeres y cambia sus vidas en segundos, cuando a veces ya parecía imposible. Don Felipe –el hombre– se ha enamorado y –doña Letizia– la mujer profesional de éxito, lo deja todo, su carrera, su prestigioso puesto en Televisión Española, su futuro profesional. Lo deja todo por él.

El 19 de noviembre, dieciocho días después de anunciarse oficialmente su compromiso matrimonial con Don Felipe, la periodista firma la rescisión del contrato laboral con Radio Televisión Española. La sección nacional del periódico *Abc* confirmaba esta noticia dos días después, a pesar de que la propia Letizia había anunciado, el mismo día de la Petición de Mano, que su desvinculación del Ente la realizaría de una manera «progresiva y no inmediatamente». Pues no pudo ser, compañera. La apasionada reportera tuvo que renunciar con su firma a la redacción del *Pirulí*, los platós de televisión, los teletipos, las cámaras, el bloc de notas, las conexiones en directo desde cualquier lugar del mundo y en definitiva a la magia del apasionante periodismo televisivo para iniciar su camino hacia el Trono y afanarse en el aprendizaje intensivo de un oficio para el que nunca se preparó: el de Reina de todos los españoles.

Ella misma declaraba en una reciente entrevista: «Nunca en la vida he pensado en ser otra cosa que periodista».

Un quiosquero madrileño apuraba las ventas de diarios de la mañana sin quitarle ojo al pequeño aparato de televisión que había instalado en el interior de su negocio. A las doce y media de la mañana se celebraba la petición de mano del Príncipe y «la chica del telediario» en el Palacio de El Pardo, tras el tradicional intercambio de regalos y encuentro de ambas familias que se desarrollaría con anterioridad en La Zarzuela. La cantidad de periodistas –un total de 300 venidos de doce países– obligó a trasladar la presentación a los medios al cercano y más amplio Palacio de El Pardo. Ese día 6 de noviembre, España estaba expectante. Muchos fueron los que madrugaron para hacer la compra, la mayoría, hombres que realizaron personalmente los recados de cada día porque sus mujeres se organizaron en grupos para ver por televisión la retransmisión en directo de la Petición de Mano que ofrecían la casi totalidad de cadenas en directo; sólo ETB, la televisión autónoma vasca, y TV3, la de Cataluña, ofrecieron resúmenes puntuales. Millares de hogares, talleres, peluquerías, escuelas, hospitales, comercios, y oficinas estuvieron pegados al monitor para ver al Príncipe con su novia y conocer a su familia. La noticia de la esperada boda de Don Felipe había, sin embargo, sorprendido a todo el país con un noviazgo secreto y fugaz del que no se había captado ni una sola imagen. En breves instantes, el espectáculo iba a comenzar.

La mañana amaneció soleada pero con frío. La fachada del Palacio de El Pardo, hoy residencia oficial de los jefes de Estado Extranjeros, no lucía el Pendón Real como exige el Protocolo cuando el Rey se encuentra en Palacio. Trescientos periodistas acreditados aguardaban el momento. Muchos de ellos hicieron guardia desde las seis de la mañana para conseguir el mejor puesto para tomar fotografías e imágenes y presenciar el acto. Vecinos de El Pardo y antiguos empleados del Palacio se congregaron a sus puertas para estar cerca del Príncipe e intentar ver de cerca a la novia. Esa brillante mañana de otoño, los bares y cafeterías sirvieron incontables tazas de chocolate caliente. Un vendedor de lotería hizo su agosto con los décimos para el sorteo de Navidad.

Los prometidos aparecieron puntuales en los jardines del palacio de El Pardo y pasearon ante los fotógrafos, cogidos de la mano y sin parar de susurrarse al oído y sonreír. Instantes para no olvidar. Por fin Don Felipe paseaba de la mano con una señora con la que se iba a casar y de la que, además, estaba enamorado hasta los huesos. Los disparos de las cámaras sonaban sin cesar a una velocidad vertiginosa. Los plumillas, con los ojos bien abiertos, grababan en su retina cada detalle, gesto y movimiento de la pareja: la sonrisa henchida del Príncipe, el paso de Letizia, las continuas miradas... A las doce y treinta y ocho minutos del mediodía, la ansiada y flamante pareja entraba en el Patio de los Austrias del Palacio, con cara de felicidad, sonriendo y de la mano. Don Felipe, impecable, vestía traje gris marengo con raya diplomática, camisa rosada y corbata azul salpicada de pequeños dibujos geométricos. Doña Letizia –en ese momento el *doña* se impuso automáticamente al nombre– lucía un traje pantalón de inmaculado color blanco, acampanado y cuello chimenea, firmado por el modisto italiano Giorgo Armani. Proyectaban, sin duda, la imagen de la felicidad y del amor. Don Felipe, siempre protector con su dama, apenas si la soltó de la mano, mostró orgulloso los gemelos de oro blanco y zafiros, talla cabujón, que ella le acaba de entregar en el tradicional intercambio de regalos que había tenido lugar poco antes durante la Petición de Mano celebrada en la Zarzuela. Estaba mucho más tranquilo. Su sueño comenzaba a cumplirse y acababa de comprometerse con la mujer de la que estaba enamorado.

Letizia, Doña Letizia, mostró la alianza de oro blanco y brillantes tallados en baguette, que el Príncipe escogió para ella personalmente. Aunque las informaciones apuntaban a que fue Iñaki Urdangarín, el marido de su hermana la Infanta Doña Cristina, quien la recogió en Barcelona en la recién inaugurada joyería Suárez, otras fuentes confirman que eso nunca ocurrió. El dato se teledirigió como una perfecta estrategia publicitaria de la nueva tienda en la Ciudad Condal. Los gemelos que doña Letizia eligió para el Príncipe los adquirió también en esta firma, pero en Madrid. Ella los retiró personalmente el martes, en la calle Serrano, dos días antes de la pedida. La prometida del Príncipe se mostraba exultante. Era el día «D» de una relación que había comenzado tímidamente hacía poco más de cinco meses y allí estaba ella, delante de cientos de compañeros que la fotografiaban para la Historia. El Príncipe la presentaba al mundo como su futura esposa. Era ella aquella mujer a la que se refería en la entrevista que concedió a la Agencia EFE con motivo de su treinta y cinco cumpleaños, en enero de 2003:

«Tengo plena conciencia de cuál es mi responsabilidad frente a la Corona, frente a la sociedad española, frente al pueblo español. Y también, por lo tanto, en lo que afecta al matrimonio. En su importancia, como garantía de continuidad, como valor dinástico y en la importancia de tener una familia que dé también estabilidad al trabajo. La futura Reina, así pues, debe conocer, apreciar y saber representar esa función en la sociedad española. Tengo también que señalar que no por satisfacer esa necesidad institucional abandone la pretensión de abordar el matrimonio con una persona de la que me sienta enamorado y, sobre esa relación, honesta y profunda, pueda fundar una familia, una comunidad de valores e intereses que nos permitan compartir una vida familiar y profesional, un proyecto personal y político para servir lo mejor posible a España».

Cuando el Príncipe Felipe nace el 30 de enero de 1968, portaba no un pan como dicen que traen todos los niños, sino una corona, la del Reino de España. Él se anteponía, en el orden de sucesión, a sus dos hermanas mayores, Doña Elena y Doña Cristina, según la legislación vigente. Los videntes y astrólogos interpretan la carta de ese bebé Acuario y le predicen una fuerte personalidad: será cabezota, soñador, muy afectuoso, alegre, cortés y amante de los placeres. El Heredero será hombre de fuerte carácter y de sonados arrebatos cuando luche por defender lo que quiere o en lo que cree. Vive Dios, que parte de ese augurio se ha cumplido.

En la primavera de 1967, doña Sofía queda embarazada de su tercer hijo y viaja a Atenas. Su hermano Constantino Heredero al trono griego tras el fallecimiento de su padre, el rey Pablo I de Grecia (1901-1964), vive momentos de incertidumbre por la inestabilidad de la Monarquía en aquel país. El 21 de abril estalla el golpe militar y Doña Sofía regresa a España. El pacto entre el rey Constantino y los golpistas le permite permanecer unos meses más en el trono, pero llegaría diciembre y el exilio de la familia de Doña Sofía a Gran Bretaña, donde el duque de Edimburgo, Felipe de Mountbatten, esposo de la reina Isabel II de Inglaterra, les apoyará en ese difícil momento de sus vidas. El Estado griego confisca todas las propiedades de la Familia Real, unas 7000 hectáreas que posteriormente reclamaría Constantino en 1977 al Tribunal de Estrasburgo. El pasado año, 2002, los reyes Grecia ganaban el pleito y brindaron por la sentencia a su favor que, además del reconocimiento público, les otorgaba 12 millones de euros a Constantino y la princesa Irene.

La alegría que siente la reina por su tercer embarazo se ve empañada por todos estos acontecimientos que le recuerdan su propio exilio cuando su padre, el rey Pablo I, se ve obligado a abandonar el país con toda la familia durante la Segunda Guerra Mundial. En 1946 regresaron tras vivir en Egipto y África del Sur. De aquella época, sobre todo del tiempo que vivieron en Egipto, guarda la Reina Sofía gratos recuerdos, pese a todo, dada su gran afición por la arqueología.

Ya en la recta final del embarazo, cumplido ya el último trimestre, la princesa visita puntual y frecuentemente a su ginecólogo el doctor Manuel María de Mendizábal, en su consulta del paseo de la Castellana 28 de Madrid. La cita con el obstetra, que también le atendió en los partos de doña Elena y doña Cristina, junto a Elvira Morera, su eficiente matrona, se produciría en el mencionado inmueble, muy cercano a la antigua redacción de Prensa Española y del diario *Abc,* el bello edificio inaugurado en 1905, obra del arquitecto Aníbal González, que hoy alberga un lujoso centro comercial. Álvaro García-Pelayo Gross, el primer redactor gráfico que fichó la revista Blanco y Negro, maneja el dato y se apresura a la dirección que le acaban de facilitar. Doña Sofía sale del portal y el fotógrafo, que bajó caminando a prisa la calle dada su cercanía, ya se encontraba allí, armado con una cámara canon, con lente angular de 35 milímetros, para no perder de encuadre ningún detalle, con la pretensión periodística de captar el momento. Sin embargo, tras disparar un par de fotografías, un escolta le acorrala, le impide seguir fotografiando y le arrebata la cámara fotográfica. El incidente no llegó a más, dado que el profesional, cauto, se resignó y la princesa no le dio mayor importancia. Al día siguiente devolvieron la cámara a su dueño aunque el carrete quedó para siempre en poder de Doña Sofía y quien sabe si esas fotos, tan escasas de una futura reina española embarazada, se encontrarán en algún álbum familiar.

Lo cierto es que la princesa está impaciente y algo nerviosa. En aquella época, la ciencia no había desarrollado aún el método ecográfico que permitirá años más tarde, ver al bebé felizmente cobijado en el útero de la madre y conocer, además de otros detalles importantes relacionados con la morfología del feto, su sexo. La trompetilla no daba para tanto. El 27 de enero, el doctor Mendizábal intenta una inducción al parto pero no consigue la dilatación necesaria. Doña Sofía ha de regresar a casa. Tres días más tarde, poco después de que amaneciera, siente lo primeros síntomas del inminente alumbramiento. El coche oficial sale del Palacio de la Zarzuela por la carretera de Somontes, toma la de El Pardo hasta llegar a la Ciudad Universitaria por donde ataja y, en aproximadamente quince minutos, se encuentra en las puertas de la Clínica Nuestra Señora de Loreto, ubicada en la Avenida de la Reina Victoria, en honor a la bisabuela paterna del príncipe que venía de camino. Curiosamente, tres años y diez días antes, nacía en ese lugar la que fuera primera novia de don Felipe, Isabel Sartorius.

Doña Sofía entra por su propio pie. La acompañan su madre, la reina Federica, su marido, el príncipe Juan Carlos, y su hermana, la princesa Irene. El esperado Heredero viene al mundo a las doce y cuarenta y cinco minutos. Su madre se instaló en la habitación 605, la misma que utilizó cuando nacieron las dos hijas mayores. En estos momentos, Don Juan Carlos Víctor María (Roma, 5 de enero 1938) tiene 30 años y Doña Sofía (Psychiko-Grecia, 2 de noviembre 1938), 29. Aquel día se sintió la mujer más feliz del planeta. El niño es precioso, muy rubio con los ojos enormes aún grises pero que pronto cambiarán a azules. Pesa cuatro kilos y trescientos gramos, mide cincuenta y cinco centímetros de largo. Ha heredado los rasgos de la dinastía griega, además de su considerable altura. Su abuelo materno medía dos metros, tres centímetros más que el príncipe en la actualidad. Quizás Felipe sea el menos Borbón de los tres hijos de Don Juan Carlos, no sólo en el físico sino también en el carácter. Había nacido su hijo, su niño del alma, con quien tendrá una relación muy especial. Felipe la adora y siempre se ha apoyado en ella hasta el día que le confesó haberse enamorado de una chica española, periodista y divorciada.

Los dos nacimientos anteriores habían traído niñas; Elena María Isabella Dominica (Madrid, 20 de diciembre 1963) y Cristina Friederika Victoria Antonia (Madrid, 13 junio 1965), y según la princesa Sofía: «ya tocaba». Un varón era lo único que podía devolver la alegría a los tristes ojos de la princesa griega educada para ser reina. El Heredero prometía la continuidad de la corona.

En el momento del gran acontecimiento, su familia se haya dispersa por el mundo. Don Juan y Doña María de las Mercedes, los abuelos paternos, reciben la noticia en el Caribe, donde se encuentran realizando un crucero. La bisabuela paterna, la reina Victoria Eugenia de Battemberg, en la Costa Azul donde acostumbra a pasar el invierno. Y el general Franco, entonces Jefe de Gobierno, que no es de la familia pero es el que está más cerca es el primero en enterarse. Instalado en su residencia de El Pardo, aguarda ansioso alguna noticia. Don Juan Carlos le telefonea para comunicarle que ha nacido el esperado varón:

—¿Ha sido un machote?

—Sí, mucho, como su padre.

La situación en España no era fácil para la Monarquía. La noticia del bautizo del Príncipe la recogen de refilón los periódicos de la época, pertenecientes a la prensa del movimiento y, por lo tanto, controlados por el aparato militar. Jaime Peñafiel es uno de los escasos cronistas que cubren el evento: «Éramos media docena de periodistas mal contados. A pocos les interesaba el Príncipe, su hijo y la madre que lo parió. No olvide que la mayoría de los periodistas pertenecían a la prensa del movimiento, antimonárquica, antijuanista y antijuancarlista».

La información más generosa la ofrece el monárquico diario *Abc* que titula: «Nace el primer nieto varón del Conde de Barcelona», en subliminal apoyo al abuelo del niño y a favor de la restauración monárquica, que no instauración, en la figura de Don Juan III.

A las dos y media de la tarde de aquel 30 de enero de 1968, Don Juan Carlos abandona el sanatorio junto a su suegra, la Reina Federica, y el Duque de Alba. Se dirigen al Palacio de Liria para almorzar y preparar la vuelta de la Reina Victoria Eugenia. Allí permanecerá hasta entrada la tarde que regresa a la clínica para celebrar el nacimiento de su primer hijo varón con los informadores. Brindaron con champán.

El bautizó queda fijado para el jueves ocho de febrero a las seis y media de la tarde en el palacio de la Zarzuela. Los padrinos, su abuelo el Conde de Barcelona y Jefe de la Casa Real Española y su bisabuela, la Reina Victoria Eugenia que, con este motivo, vuelve a pisar tierra española durante cinco días, después de treinta y siete años de exilio. El padrino viste su metro ochenta y ocho de altura con un chaqué y el Toisón de oro en la solapa (Orden de caballería instituida por Felipe el Bueno, duque de Borgoña, de la que es gran maestre o jefe soberano el Rey de España). Asisten el general Franco y su mujer Carmen Polo, entre otros trescientos invitados.

El bebé recibe en la pila bautismal los nombres de Felipe, en honor de Felipe V, primer Borbón que reina en España, Juan, por su abuelo paterno, Pablo por el materno, Alfonso, por su bisabuelo Alfonso XIII y De Todos los Santos porque es tradicional añadírselo a los varones igual que Santísima Trinidad a las niñas. A los cuatro nombres del bautizo hay que añadirle una larga lista de apellidos; entre otros: Borbón, Glüksbourg, Battemberg, Hannover, Orleáns, Brünswick-Luneburg, Romanov, Anjou, Hesse-Cassel, Nápoles y Schleswig-Holstein. En realidad, toda la larga lista queda reducida en la actualidad a Felipe de Borbón y Grecia.

La Reina Victoria Eugenia viajó a España para amadrinar a su nieto Felipe pero, al parecer, se arrepentiría posteriormente por haberlo hecho mientras el general Franco seguía gobernando el país. «No debí volver –confesó al periodista Jaime Peñafiel en su residencia de Suiza– mientras gobernaba en España el hombre que mantenía a mi hijo en el exilio». La Reina, haciendo gala de su sentido del humor inglés, no desperdició la ocasión y al encontrarse con Franco en la recepción posterior a la ceremonia del bautizo le dijo que ya tenía a tres Borbones para elegir; su hijo el Infante Don Juan, su nieto el Príncipe de España Don Juan Carlos y su bisnieto Don Felipe.

Si la Reina Victoria Eugenia levantara la cabeza vería a aquel hermoso bebé a quien llevó emocionada a la pila bautismal, a punto de contraer matrimonio, feliz y locamente enamorado de una española, periodista de profesión, con quien compartirá el Trono de la monarquía parlamentaria española.

El día de la Petición de Mano, los trescientos periodistas apostados delante de la pareja vieron a un príncipe enamorado y a una periodista prometida que se dirigía a los medios con la sobrada soltura que había ganado en sus años de profesión. En realidad, para ella, había más caras conocidas al otro lado que en el propio Palacio. Letizia sonreía y saludaba continuamente a sus compañeros con los que había a trabajado hasta anteayer. Seguía atenta las indicaciones de los cámaras y decidía la mejor posición según la luz mientras el Príncipe la tomaba de la mano. Y comenzaron las preguntas:

—¿Cuándo tomaron la decisión de casarse Don Felipe?

—Hace el suficiente tiempo. Lo que sucede es que hubiéramos necesitado que pasara un poco más para preparar todo esto, pero teníamos la confianza de tener la decisión ya tomada, contestó el Príncipe.

—¿Y cómo han logrado que no se filtrara nada, que la prensa no supiera nada durante todo este tiempo?

—Ha sido difícil –respondió Letizia– sobre todo, conociendo a los compañeros de los medios. Después envió un saludo especial a sus paisanos de Asturias y prometió visitarles «pronto». Las preguntas se sucedían una tras otra.

—¿Qué significa este compromiso para la Monarquía?

—Como dije en nuestra primera aparición juntos, significa, sobre todo, la continuidad. Permite la posibilidad de que haya un eslabón más en la cadena de la dinastía, engarzándose así con la Historia. Además me permite incorporar un valor, un activo, a mi trabajo, y a la función representativa. Por otra parte, y personalmente, supone un tremendo apoyo, dado que sus cualidades y su valía van a ser fundamentales y van a dar grandes frutos. Letizia escuchaba atentamente las palabras del Príncipe, si bien sabía que ella era el centro de atención.

¿Qué pasaría con su trabajo, con la carrera de la periodista prometida? Letizia contestaba con seguridad: «Con el anuncio del compromiso y, ahora, con la petición de mano, queda claro que hay un punto y aparte en la profesión que he ejercido hasta ahora. Lo que sí es deseable es que, de forma gradual, me desvincule de Televisión Española, no inmediatamente». Sin embargo, no ocurriría así. Ni gradual, ni paulatinamente. Trece días después firmaría, de mutuo acuerdo, su rescisión laboral con el ente público.

La petición de mano ofrecería en bandeja un momento memorable de boca de Doña Letizia cuando desarrollaba su perfecto discurso: «Y lo que también está claro es que a partir de ahora voy a dedicarme a esta nueva vida, integrándome en ella con las responsabilidades y obligaciones que conlleva...» y entonces, de manera espontánea, el Príncipe terció: «Trabajo no le va a faltar. Va a tener el día bien ocupado». Pero Letizia no había concluido su frase y el final era lo más importante. Así que interrumpió también ella a Don Felipe y, llamando su atención con un toque en el antebrazo de su prometido, pronunció el casi seguro histórico «Déjame terminar». Y es que ella quería llegar al desenlace de la frase: «...con el apoyo y cariño de los reyes y con el ejemplo impagable de Reina».

La prensa anotó bien este detalle y no faltaron comentarios al día siguiente en las numerosísimas crónicas que se publicaron. «Lo lógico es que se hubiera callado y hubiera continuado tranquilamente después del Príncipe», «No debía haber actuado así», «Mostró con ese gesto demasiado protagonismo», «Menudo carácter». Sin embargo, otras voces la apoyaban destacando la espontaneidad de su reacción «como cualquier mujer le hubiera recriminado a su pareja» o incluso hubo quien señaló que quien debió dejarla terminar fue el Príncipe a ella, «Èl fue quien se equivocó».

Varios expertos en protocolo pusieron en entredicho este gesto y algún otro que se pudo contemplar durante las primeras comparecencias ante los medios como situarse a la derecha del Príncipe en lugar de la izquierda, mantenerse siempre en segundo plano, no tocarse el cabello ni la cabeza. Y es que todo acontecía demasiado de prisa y casi sin pausa. Pero quizá lo más destacado también en los artículos de los periodistas testigos de la aparición en el Patio de los Austrias de los recién comprometidos fue la llegada silenciosa de los Reyes Don Juan Carlos y Doña Sofía y los minutos de espera, que atrás, en un lejano segundo plano, soportaron los monarcas mientras los novios contestaban las inagotables preguntas de los periodistas. El Rey puso fin a tan incómoda situación y tras dos avisos por parte de un miembro de Casa Real, por fin se reunieron con los Reyes para seguir sonriendo y protagonizar la instantánea junto a los monarcas.

Don Felipe destacó su belleza, elocuencia, inteligencia y su espíritu de responsabilidad en el trabajo y su coraje. Ella dijo de Él: «Es un ser humano excepcional, muy respetuoso y sensato, inteligente y un gran lector. Es una persona que tiene afán de crecer por dentro y de tener una visión del mundo y de la vida muy justa y muy comprometida». El Príncipe apostilló con ironía y humor: «Esto te lo voy a recordar».

El Heredero habló de tener más de dos y menos de cinco hijos, momento en el que Letizia susurró un «anda», como si verse de pronto madre de cinco hijos le pareciera, lógicamente, excesivo y más en una época en que las estadísticas arrojan el dato de que las españolas tenemos 1´5 hijos de media. La pregunta más directa fue la que planteaba a Letizia cómo se declara un Príncipe. Ella contestó sin vacilar: «Como un hombre que ama a una mujer».

Sólo dos preguntas quedaron en el aire y ambas pretendían confirmar una fecha: ¿Cuándo se conocieron? Y ¿cuándo se celebrará la boda? La primera tuvo como respuesta «La primera vez que nos vimos fue hace un año –respondió el Príncipe– pero aquel encuentro casual no tuvo consecuencias. Fue después, la pasada primavera cuando entablamos más contacto aquello fructificó». La fecha quedó en el aire, probablemente por cierto temor a que se antojara muy corto el periodo de noviazgo previo al compromiso. Hoy sabemos que la cita definitiva fue a primeros de mayo, seis meses atrás. La segunda, ante la realidad de no tener decidida la fecha definitiva de la boda, quedó también suspendida en el agitado ambiente que se vivía esa mañana en el Palacio de El Pardo: «No sabemos si será a finales de la primavera o a principios de verano». Quince días después Casa Real confirmaba a la emisora de radio Intereconomía, que adelantaba la noticia, la fecha del 22 de mayo para celebrar el enlace del Príncipe de Asturias y la periodista Letizia Ortiz, un mes antes de lo previsto.

La Reina Sofía, que lucía un traje de chaqueta en tonos grises y morados y el rey Don Juan Carlos, con traje cruzado, camisa en tono rosa y corbata azul vivían unidos aquel deseado y, a la vez, precipitado momento. A la fotografía de familia que iniciaron los Reyes con los prometidos se fueron incorporando de manera gradual, primero, los padres de la novia, Paloma Rocasolano y Jesús Ortiz, que a pesar de estar divorciados entraron del brazo al Patio de los Austrias. El matrimonio caminó sonriente ante las cámaras y ocuparon sus respectivos lugares: ella, vestida con un pantalón negro y una chaqueta de color beige con cremallera vista, a la izquierda del Rey; él, perfectamente acicalado –se afeitó la barba– con traje azul marino y corbata en el mismo color pero en diferente tono, a la derecha de la Reina. Tras ellos, se sumaron la infanta Doña Elena y su esposo, Don Jaime de Marichalar, duques de Lugo, la infanta Doña Cristina y su marido, Don Iñaki Urdangarín, duques de Palma de Mallorca, y las hermanas de Letizia, Telma y Erica Ortiz Rocasolano, esta última acompañada por su esposo, Antonio Vigo. Les siguieron Doña Pilar, duquesa de Badajoz y hermana del Rey, la Infanta Margarita y su esposo, el doctor Carlos Zurita, duques de Soria, la princesa Irene de Grecia, y los primos de Don Felipe Juan Gómez Acebo, vizconde de la Torre, y sus hermanos Simoneta, acompañada por su marido, José Miguel Fernández Sastrón, Bruno, con su mujer, Bárbara Cano, Beltrán y Fernando, además de María y Alfonso Zurita. David Rocasolano, primo de Letizia, y su mujer, Patricia Reina, fueron los últimos en incorporarse al grupo que protagonizaría la fotografía de familia.

Las dos familias recientemente emparentadas se trasladaron, algo más relajadas tras los «eternos» minutos ante las cámaras, al Palacio de la Zarzuela para celebrar el compromiso. Habría más regalos. El príncipe entregaría a su prometida una joya de la familia, un collar de perlas y zafiros, que perteneció a Doña María de las Mercedes, madre del Rey. Doña Sofía le regaló un colgante de su madre, la Reina Federica. La novia eligió una edición de 1852 de la novela caballeresca *El Doncel don Enrique el Doliente* de Mariano José de Larra, autor fundamental de los periodistas y ejemplar que Letizia buscó especialmente «para él». Los futuros suegros de Don Felipe le regalaron además un reloj suizo.

La pareja compartiría su primer almuerzo en familia, aunque los novios sí conocían a sus respectivos futuros suegros. Don Felipe visitó en alguna ocasión en su casa a la madre de Letizia y a sus hermanas. Menuda revolución de coches y escoltas se organizaba en el modesto barrio de Moratalaz cuando el Príncipe aparecía por allí de incógnito. El menú de aquel día seis de noviembre, tan especial para el Príncipe enamorado –ensalada de hojas verdes con gambas a la vinagreta de tomate, seguido de lomos de salmonete a la salsa de albahaca, arroz oriental con setas y de postre bavaroise de moca y chantilly; los vinos, por supuesto, del país– pasaba a un segundo plano. Lo más exquisito de la mesa, sin duda, era la compañía. El amor había ganado la batalla.

La novia reconocía, veinticuatro horas después, en una entrevista telefónica que concedió a Leticia Álvarez del diario *Abc* –porque Doña Letizia seguía atendiendo a los periodistas para asombro de muchos monárquicos de pro y regocijo de los redactores que conseguían sus valiosas declaraciones– que el día de la pedida de mano «fue muy emocionante para toda la familia» del que guarda un recuerdo «inolvidable». Según sus palabras, el encuentro de su familia con los Reyes y los demás fue «distendido dentro de las normas». Qué no hubiéramos dado los periodistas por presenciar ese encuentro en la intimidad y ver, uno a uno, los rostros de los comensales aunque hubiera sido por un agujerito. Momentos como este sólo se viven una vez en la vida y muchos de los protagonistas, ni en la más remota de las posibilidades, se habían imaginado en una igual, con los Reyes y en el Palacio de la Zarzuela. ¡Ojo! con los codos, no empezar antes de tiempo, el dedo meñique, en su sitio, por supuesto nada de ruidos, el tenedor a la boca y no al revés, el mondadientes no existe, la servilleta, sobre las piernas y se come absolutamente todo. Al terminar, los cubiertos bien colocados, en las doce en punto...

¡Dios mío qué estrés!

Cuenta el periódico que la futura Princesa de Asturias les habló desde el ala de invitados del palacio de La Zarzuela donde vive de manera temporal «gracias a la hospitalidad de los Reyes. Es más fácil de esta manera». Su piso de Valdebernardo, un distrito popular de clase media, situado al sureste de la capital, no se encontraba, a pesar de ser un séptimo, a la altura de unas circunstancias tanto en cuestión de seguridad como de privacidad. El barrio se encontraba revolucionado y prácticamente tomado por la prensa. Cuando Letizia volvió a su domicilio el viernes, día siete, tras la petición de mano, las cámaras recogieron cada gesto y movimiento de la bella periodista. Protegido su rostro tras unas gafas de sol y toda ella por una escolta de tres coches, una furgoneta, una moto y doce guardaespaldas, vivió sus primeros momentos del día después, cuando pasaban diez minutos de las once de la mañana. Aún guardaba en casa todos sus objetos personales, ropa, libros, discos compactos... aquella mañana que se marchó para siempre de su casa llevaba sólo lo imprescindible en una pequeña maleta con ruedas. Después almorzó con su madre y sus hermanas. Las cuatro estaban ansiosas por encontrarse y compartir las confidencias e impresiones de Zarzuela.

Letizia confesó a la periodista de *Abc* que le abruma saber que se fijan en todo lo que hace o lo que dice. Es algo a lo que debe acostumbrarse sin reparos. Será, por mucho tiempo, el centro de todas las miradas. Cuando Don Felipe viajó a Canadá para iniciar sus estudios en el extranjero, ya le advirtió su padre, el Rey: «Todo lo que hagas lo mirarán con lupa». Era la primera vez que el joven se alejaba de sus padres y, sobre todo, de su madre a la que estaba especialmente unido. Letizia agotará las lupas porque millones de ojos estarán muy pendientes de ella. Hay quien la ha bautizado como la nueva Lady Di, precisamente por la expectación mediática que ha levantado.

Otros, con ironía, y aún reconociendo su belleza y su elegancia natural la denominan «Lady Vi» dada su procedencia del distrito de Vicálvaro.

Entiende que los comentarios de la calle «la mayoría son buenos» y se adentra en sus sentimientos y adelanta un posible nombre para un futuro hijo «El nombre de Pelayo nos encanta». Letizia es apasionada en sus declaraciones, «Tengo ganas de ir a Asturias, de sentirla, de pasearla y de saludar ver cómo me miran. Soy consciente de que no tendré tanta libertad, pero lo importante es lo importante», confiesa Letizia.

El primer acto oficial del Príncipe desde que se anunciara el día 6 de noviembre su compromiso con Letizia Ortiz tuvo, sin embargo, como escenario el campo de maniobras de Médano del Loro (Huelva) donde Don Felipe presidió ejercicios de tiro de la Unidad de Defensa Antiaérea. Todo volvía a la normalidad y se retomaban los actos previstos. Cuando el anuncio oficial de compromiso y boda se precipita, autorizado por el Rey, el día 1, el Príncipe tenía su agenda organizada. Esa semana comenzaba con nueve comparecencias públicas previstas, alguna privada y trabajo diario de despacho. Hubo que cambiarlo casi todo. Desde entonces, ha recuperado el ritmo en todas sus actividades y cumple puntualmente con viajes, encuentros, inauguraciones y otros menesteres, todo ello –como dicen las madres– con otra cara. Y es que al príncipe le ha cambiado el semblante, «ahora hasta se ríe en las fotos», apunta un periodista cercano siempre a la Familia Real.

Felipe VI y la primera Letizia

Felipe será el vigésimo rey español, desde los Reyes Católicos; Isabel I y Fernando II, y ostentará los títulos de veinticuatro reinos, cinco principados, quince ducados, veintidós condados y doce señoríos. El título de Príncipe de Asturias lleva aparejado el de Príncipe de Gerona y de Viana, Duque de Mont-Blanc, Conde de Cervera y Señor de Balaguer. Este título lo usa en España el hijo del rey e inmediato sucesor de la Corona. Se creó en 1388 por el rey Juan I de Castilla, al contraer matrimonio su hijo Enrique con Catalina de Lancaster.

Letizia Ortiz Rocasolano se convertirá en Princesa de Asturias el día que contraiga matrimonio con Don Felipe. A partir de entonces tendrá rango de Alteza Real, según reza el Real Decreto 1.368 de 1987 que equipara el tratamiento que ha de recibir el Príncipe de Asturias y su cónyuge. No habrá imperativo sobre la forma de dirigirse a la prometida del Príncipe, si bien lo correcto sería llamarle «señora» o «alteza» al igual que se hace con Don Felipe. Habrá que inclinarse o realizar la genuflexión, en el caso de las señoras, únicamente en los saludos o besamanos, cuando en una recepción de la Familia Real, los invitados cumplimenten a los anfitriones. La atribución más importante de la futura Princesa de Asturias se refiere a la Regencia, recogida en el título II de la Constitución Española, artículos 58 y 59. Letizia se podría convertir en Reina Regente en caso de fallecimiento o incapacidad de Don Felipe, cuando sea Rey, o si llega a ser madre de un Heredero menor de edad.

La periodista ha aguantado muy bien el tirón hasta ahora. Varios escoltas la protegen desde mucho antes de que se hiciera público y oficial el compromiso y a partir de entonces los servicios de seguridad de la Casa del Rey velan por ella. Ha abandonado su piso para trasladarse a un ala de invitados del Palacio de la Zarzuela. En un principio se barajó la idea de buscar una vivienda privada segura pero, finalmente, la mejor opción es La Zarzuela. Goza de alta seguridad y está cerca de la Reina. La periodista debe ahora demostrar que esto no es ninguna locura. Que puede hacer un buen papel junto al Príncipe y que está dispuesta a aprender todo lo que haga falta para desempeñar un rol que Doña Sofía le deja en un altísimo listón.

Y es que ser Reina no debe ser nada fácil. Doña Sofía reconoce en la biografía que escribió la periodista Pilar Urbano que «Si ser Rey no es fácil, ser Reina no es cómodo». Don Juan Carlos considera a Doña Sofía «una gran profesional porque lleva la realeza en la sangre» pero, sin duda, porque ha estado a su lado en buenos y malos momentos, y siempre a la altura de las circunstancias. En una reciente entrevista, con motivo de su sesenta cumpleaños, la reina Silvia de Suecia, azafata de congresos cuando contrajo matrimonio con el Príncipe Carlos Gustavo, hacia balance de sus años como Reina. En un pequeño cojín bordado en *petit point* que aparecía junto a una de las fotografías del reportaje se leía: «It ain´t easy being queen» (No es fácil ser Reina). Desde luego una universitaria, libre para decidir lo que más le convenga, periodista y con 31 años debe aplicarse harto para adentrarse en este distinguido y complejo oficio. Ser una mujer inteligente y culta le otorga cierta ventaja y le permitirá jugar bien sus cartas y utilizar toda su valía para convertirse en una buena princesa primero y una futura reina después. Ahora, no hay que ser número uno de la promoción ni de la cadena de televisión. Es el momento de prepararse para ser una Reina digna.

Bien sabe Don Felipe cómo es esta vida. El ciudadano español DNI 015, no es uno más. Es el Heredero de la Corona, un niño que se crió con los ojos puestos en su padre, el ejemplo a seguir; un joven que se educó y formó en un apretado programa de formación castrense y estudios universitarios, con la disciplina y deber como constantes vitales. La única etapa de su juventud en la que se sintió un poco más libre fue la que disfrutó en Estados Unidos. Allí, en el apartamento que alquiló con su primo Pablo, sí fue uno más. Se mimetizó entre los americanos y disfrutó de ese anonimato que se sólo se valora como a la vida cuando uno resulta ser una persona pública. Pero él sabe que el futuro es otra cosa. No le impacienta. Siempre ha dicho que no lo espera con ansiedad y que mientras llega intentará hacerlo lo mejor posible.

«Es cierto que día a día voy creando el puesto, pero no me siento a la espera. Mi puesto tiene un contenido que vas perfeccionando. Acudes a cosas que te piden; pero tú también, de forma flexible, vas añadiendo cometidos. Soy, por ejemplo, como un teniente coronel que está cómodo en su puesto, le da contenido y tiene unas funciones. Y a lo mejor un día asciende a general, pero mientras tanto lo hace lo mejor que puede».

Al Príncipe le tocará como Rey ser un técnico de la Monarquía; «no va a tener una misión histórica como la de su padre, pero saber moverse a velocidad de crucero también es difícil», apunta uno de sus catedráticos.

Acaba de encontrar compañera de viaje. Ella también deberá renunciar a su preciada libertad y caminar por un sendero ya trazado y previsto. El Príncipe como detalla Jesús Rodríguez, en un artículo de los numerosísimos que se han publicado tras el compromiso, «Despacha a diario con su padre (jefe, consejero, amigo y ejemplo), con su secretario; asiste a las reuniones en las que los Reyes repasan con el jefe de la Casa Real y el secretario general el funcionamiento de la institución y analizan y discuten el calendario y el reparto de actividades. Siempre opina. Siempre se apunta a los almuerzos privados de los Reyes con personajes de primera fila. Asiste a maniobras militares. A las reuniones de la Junta de Defensa Nacional. Preside organizaciones y fundaciones. Inaugura, visita, patrocina, promueve. Concede audiencias a profesionales de su generación y siguiendo el consejo de su padre ha iniciado el recorrido por las Comunidades Autónomas. Periplos maratonianos. Hoy por hoy, esta es su mayor ilusión. Y "ser útil": dos palabras que encierran su pensamiento».

Junto a este hombre, comienza ahora para Letizia un «directo» diario pero en un plató que no conoce. Carácter y decisión no le faltan a la asturiana. Quizá por eso, vive, desde el día que se celebró la petición de mano, prácticamente recluida en el Palacio de La Zarzuela. Se ha propuesto demostrar lo que ella vale y, además, tampoco le quedan muchas más opciones. Dispone de seis meses antes de que se celebre el matrimonio y ella los va a aprovechar a tope. Se levanta temprano y dedica la mayor parte del día a estudiar. Debe empaparse en Historia de España y Relaciones Internacionales como mínimo. Don Felipe obtuvo calificación de *summa cum laude* en el master de Servicio Exterior que cursó en la Universidad Georgetown de Washington. Se especializó en Latinoamérica, África del Norte y Oriente Medio. El inglés es otra de las materias a afianzar por la periodista prometida, además del desconocido *Protocolo*. Letizia casi no sale a ningún lado y ha decidido que mantendrá contacto con los suyos directamente en Palacio. Habla con sus amigos por teléfono pero su tiempo ahora es para ella misma y su preparación. Eso sí, durante el fin de semana se toma un respiro y acompaña a Don Felipe a alguna cacería, como ocurrió el 22 de noviembre, fecha en que la pareja participó en una jornada cinegética en compañía de amigos, en la finca La Flamenca, propiedad de la familia Falcó Anchorena. Atrincherada en Zarzuela, va poco a poco acomodándose a su nuevo hogar. Todavía le quedan algunas pertenencias en su piso de Valdebernardo, de donde sigue sacando cajas de vez en cuando.

La Reina, que vive este precipitado compromiso matrimonial con cierta resignación pero con la serenidad de una mujer que sabe afrontar las situaciones, afirmó de una manera muy significativa el día 3, cuando Don Felipe y Letizia habían protagonizado la primera aparición ante los medios de comunicación, minutos antes de posar con los Reyes y los duques de Lugo en el Teatro Real donde asistirían al concierto de Rostropovich: «Ya me he jubilado». Acaba de cumplir 65 años y su hijo, el Heredero, al que adora, se comprometía en matrimonio.

Entre los telegramas de felicitación que aguardaban al regreso del Rey a su despacho del Palacio de La Zarzuela había uno especialmente significativo. Era el de la jerarquía eclesial, que firmaba el arzobispo de Madrid y presidente de la Conferencia Episcopal, Monseñor Rouco Varela, quién casará a los novios el próximo mayo en la Catedral de la Almudena. La felicitación rezaba: «Pedimos al Señor que bendiga con su gracia al Príncipe y su prometida». En un Estado aconfesional, pero católico en el fondo y la forma, aquel mensaje era una bendición de Dios.

El anterior matrimonio de Letizia Ortiz al ser civil no existe para la Iglesia, lo mismo que su divorcio, por lo que el camino hacia la catedral de la Almudena no tendría ningún obstáculo para la asturiana. El canon 1055 del Derecho Canónico señala: «La alianza matrimonial por la que el varón y la mujer constituyen entre sí un consorcio de toda la vida, ordenado por su misma índole natural a bien de los cónyuges y a la generación y educación de la prole, fue elevada por Cristo Nuestro Señor a la dignidad de Sacramento entre bautizados. Por tanto, entre bautizados no puede haber contrato matrimonial válido que no sea, por eso mismo, Sacramento».

El portavoz de la Conferencia episcopal, Juan Antonio Martínez Camino, asegura que esta boda no supone un espaldarazo al divorcio, como muchos han interpretado, «sino al matrimonio católico. No veo por qué se tiene que pedir más a los príncipes que a las demás personas. Se les pide lo mismo, ni más ni menos». No obstante, una persona, elegida por la autoridad eclesiástica y de cuerdo con la Casa Real, se encargará de preparar a los contrayentes «en una situación adecuada, conscientes de lo que hacen», añade: «La iglesia tiene fama de criticarlo todo, pero en este caso es distinto. Hay una persona (en referencia a Letizia Ortiz) que estuvo en una situación de intentar un matrimonio civil que no tiene validez canónica. Sería injusto poner impedimentos donde no los hay. No es un caso equiparable a otros que sí contrajeron matrimonio canónico entre bautizados».

Carlos Amigo, recientemente nombrado Cardenal de Sevilla que casó además a la Infanta Elena y a Don Jaime de Marichalar apunta, por su parte: «Espero que sean muy felices y que se quieran mucho, que es lo verdaderamente importante. Letizia es una mujer de valores y un ejemplo para todos, porque ha trabajado duro. Nadie le ha regalado nada. No llegó a casarse nunca por la Iglesia. Ante Dios nunca estuvo casada».

Queda dicho. Para la Iglesia el único matrimonio válido que existe es el canónico. La diferencia básica entre la fórmula civil y la eclesiástica es que la primera formaliza un contrato entre el Estado y los contrayentes que contempla una serie de derechos y obligaciones según recoge el código civil respecto del matrimonio. Sin embargo, la Iglesia entiende la unión como un contrato *sui generis*, pero fundamentalmente como un Sacramento. Si Letizia no se ha casado nunca ante la Iglesia no hay ningún impedimento para que lo haga ahora con Don Felipe. La pareja tendrá una preparación prematrimonial y en especial ella tendrá que someterse a un examen que pruebe su convencimiento sobre el matrimonio canónico.

Las abdicaciones de sus parientes por amor

De los 35 príncipes que han llevado la distinción de ser Príncipes de Asturias y por lo tanto herederos del trono, doce han sido Borbones. Curiosamente Don Juan Carlos no ostentó nunca el título de Príncipe de Asturias. El último fue Don Juan, por las abdicaciones de sus hermanos mayores: Alfonso Pío y Jaime. «Por renuncia de tus dos hermanos mayores, quedas tú como mi heredero. Cuento contigo para que cumplas tu deber», así rezaba el contenido del telegrama que recibe en aguas de Bombay el Infante Don Juan, abuelo de Don Felipe, que en tan sólo ocho días toma la decisión más crucial, cuando su padre le reclama para tan altos cometidos.

Para que el Príncipe Felipe sea en la actualidad heredero tuvieron que suceder un cúmulo de circunstancias que llevaron a que la sucesión de Alfonso XIII, recayese en su abuelo, Don Juan, el tercer hijo varón. Los dos hermanos mayores abdicaron. El primogénito, Alfonso Pío, es hemofílico, enfermedad que le transmite su madre Victoria Eugenia de Battemberg, pero también es joven, alto, rubio y además, Príncipe de Asturias. Eso no le impide que las normas de su familia caigan como una losa sobre él y sus descendientes. Se ve obligado a renunciar a sus derechos dinásticos el 11 de junio de 1933, al casarse en Suiza con una cubana de pelo ondulado y ojos bellísimos: Edelmira Ocejo Robato que había conocido en el nada romántico ni glamuroso hospital de Lausanne en Suiza, en donde ingresó por una dolencia pulmonar. Al poco tiempo se separa y se vuelve a casar cuatro años más tarde en La Habana, con otra plebeya cubana: Marta Rocafort Altazarra. Que se sepa, nunca tuvo hijos. Era el mayor y el heredero, la desilusión debió de ser inmensa porque su padre Alfonso XIII no asiste a ninguna de sus bodas.

El sucesor podría haber sido Don Jaime Duque de Anjou y de Segovia, pero se ve obligado a renunciar por carta, fechada en Fontainebleau el 21 de junio de 1935, a sus derechos dinásticos para él y sus futuros descendientes, por ser sordomudo y por casarse en ese mismo año, también en contra de la voluntad de su padre con la italiana Emmanuela Dampierre. Fruto de esa unión nace Gonzalo de Borbón, de azarosa y extraña vida, y Alfonso, Duque de Cádiz, que se casa con la nieta mayor «la nietísima Carmencita» de Franco, Carmen Martínez Bordiú. Don Jaime se separa de la madre de sus hijos y catorce años más tarde del primer matrimonio, se casa en Innsbruck con una cantante alemana; Charlotte Tiedemann, con la que no tiene hijos. Las crónicas de la época no se ponen de acuerdo si era cantante de ópera o de clubes nocturnos. Esto ya fue el colmo de lo soportable para la augusta familia.

El 15 de enero de 1941, un mes antes de fallecer en el exilio en Roma, el rey Alfonso XIII renuncia a sus derechos en favor de su hijo el Príncipe Don Juan, «que reencarnará en su persona la institución monárquica» .Don Juan Carlos Teresa Silvestre Alfonso, Infante de España y Conde de Barcelona, sería Juan III, pero él nunca entró en los planes del General Franco quien le apartó definitivamente del trono. El 23 de julio de 1969 las Cortes aprueban, a propuesta del Jefe de Estado, el nombramiento de Don Juan Carlos de Borbón como Rey sucesor y General Honorífico de los tres Ejércitos y le informa que, una vez designado Príncipe de España no podrá salir del país sin permiso del Gobierno. Dos días después de la muerte de Franco, el 20 de noviembre de 1975, Don Juan Carlos es proclamado Rey de España y será Juan Carlos I.

El compromiso matrimonial de Don Felipe de Borbón, tercer hijo de Don Juan Carlos y Doña Sofía, y el único varón, con Letizia Ortiz Rocasolano, supone como él mismo ha dicho «un eslabón más en la cadena dinástica que nos engarza con la Historia». Y así la vida sigue, como el devenir de los ríos. La destacada universitaria que se licenció con un expediente brillante en Ciencias de la Información, que se casó y se descasó, que viajó por medio mundo para estar al filo de la noticia, y que cautivó a los espectadores desde la pantalla de televisión se engarza a la historia por el eslabón mágico del amor.

Nadie se cuestionó en 1968 cuando nace don Felipe que fuera el pequeño de la casa el Príncipe Heredero, a pesar de que sus dos hermanas le precedían en orden de nacimiento. La Constitución Española de 1978, en su título II, artículo 57 señala «La sucesión en el trono seguirá el orden regular de primogenitura y representación, siendo preferida siempre la línea anterior a las posteriores; en la misma línea, el grado más próximo al más remoto; en el mismo grado, el varón a la mujer, y en el mismo sexo, la persona de más edad a la de menos». La contradicción parece clara con el principio que recoge el artículo 14 y que declara, que todos somos iguales sin distinción de sexo, raza o religión. En este caso hay opiniones para todos los gustos pero el hecho en sí está claro: si se antepone el varón a la mujer la discriminación es obvia. «Mi opinión personal –en palabras de Luis María Ansón– es que ese artículo hay que reformarlo para que no haya discriminación en la herencia de la Corona por razón de sexo. Cosa que han hecho o están en vías de hacerlo, todas las Monarquías restantes». Por ejemplo, en Suecia se rectificó la ley de sucesión monárquica. El Parlamento sueco modificó la ley que desfavorecía a la mujer. El príncipe Carlos Felipe, el varón, hermano menor, fue Heredero durante los seis primeros meses de su vida. Al cambiar la Ley, la heredera al trono es una mujer, la primogénita Victoria de Suecia.

El Príncipe es partidario de reformar la Constitución para equiparar a la mujer en el orden sucesorio. Cree que la igualdad entre los sexos forma parte de los tiempos en que vivimos. Sin embargo la Casa del Rey no se ha pronunciado al respecto si bien aseguran que la reforma constitucional no es urgente. Sin embargo, el Catedrático en Derecho Constitucional Jorge de Esteban apunta que el momento más adecuado para modificar la ley, lo que supone un proceso relativamente complejo –Congreso y Senado deben aprobar dicha reforma por mayoría de dos tercios, después disolver las cámaras y convocar elecciones. Las nuevas cortes deberán ratificar la modificación en la misma proporción y, por último, convocar un referéndum– sería el final de una legislatura, pues no supondría apenas sacrificio para los diputados adelantar la disolución de las Cortes 25 días sobre la fecha prevista.

El tiempo pasa realmente volando y hay mucho por hacer. Tras el jaque mate a la prensa que supuso el anuncio por sorpresa del compromiso oficial del Príncipe Felipe y Letizia Ortiz, el Heredero se siente feliz. Su querido abuelo el Conde de Barcelona, le dio un consejo sobre su entonces futuro e incierto matrimonio y le recomendó que se casara con una persona de sangre real, «porque es del oficio y por lo tanto cumplirá mejor el papel de reina». Felipe lleva 31 años de oficio y se ha preparado a conciencia, pero ha apostado por una mujer corriente, de la calle, universitaria, profesional que además es divorciada. Él mismo cree que aquella relación anterior que tuvo su prometida «compensa». Aunque la supuesta sangre azul pueda significar que haya una predisposición inicial, no es una ciencia exacta, de hecho la propia madre de Don Juan, la reina Victoria Eugenia de Battemberg, abandona finalmente a su marido harta de sus continuas diferencias y presuntas infidelidades, incluso con hijos al margen del matrimonio, los llamados «bastardos» como Alfonso Ruiz Moragas. El único tío-abuelo vivo que le queda a Don Felipe. El perfil de Letizia podría ser el de cualquier mujer española de estos tiempos que tenga pasión por su profesión, su belleza y una sólida preparación intelectual. Es una mujer que se suma al grupo de princesas de la monarquía europea del nuevo siglo que conquistan el trono por amor –los herederos de Noruega y Holanda y Dinamarca eligieron novias sin sangre real–. Los requisitos para el matrimonio en la mayoría de estas monarquías han dejaron de ser lo que fueron. Ellas, todas profesionales, mujeres modernas e independientes, son las reinas para el siglo XXI.

Durante algunos años se apostó poco por el rey Juan Carlos, incluso le apodaron «Juan Carlos el Breve» los que le vaticinaban un corto reinado. Felipe González le cuenta en una conversación al aristócrata José Luis de Vilallonga como descubrió su verdadera personalidad. «El joven y silencioso Príncipe, a menudo melancólico, se transformó muy pronto en un ser afectuoso, cordial y extravertido. A todos los que le habíamos tomado por una persona sin carácter y quizá incluso no demasiado inteligente, casi nos chocó aquella metamorfosis. Personalmente, me reproché terriblemente no haber comprendido que los silencios sombríos del Príncipe y la indiferencia que manifestaba ante las afrentas que le hicieron sufrir durante años los jerarcas del franquismo no eran más que una especie de fachada detrás de la cual se ocultaba una indomable voluntad de conseguir sus fines; restaurar la Monarquía en España, con o sin su padre».

Las circunstancias políticas y sociales españolas son ahora radicalmente distintas así como la Monarquía que heredará Don Felipe de manos de su padre. Sí es verdad que la afronta con espíritu moderno y con la democracia instalada en su corazón pero tal vez no empezaremos a conocer al verdadero Felipe hasta que su padre no le pase el testigo y se convierta en Felipe VI.

Letizia tiene mucho trabajo por delante y es quizá más importante que le encaje el marido que la corona. Si consigue lo primero casi todo está ganado. En su mano está demostrar que el Príncipe no se ha equivocado y que puede llegar a ser una digna reina de España.

Capítulo 9

A FAVOR Y EN CONTRA

Pese al revés del Príncipe al «cuarto poder» que dejó mermada su libertad de opinión y su capacidad de información, los grandes creadores de tendencias mediáticas dejaron oír su voz desde el respeto. El anuncio de compromiso del Príncipe de Asturias con Doña Letizia Ortiz fue una bomba mediática. Así, del inicial entusiasmo se pasó al análisis. La opinión pública esta vez presentaba un índice de aceptación de entre un 65 por ciento y un 71 por ciento. Si recordamos que el rechazo a Eva Sannum fue, en ocasiones, de un 80 por ciento, los valores se invierten a favor de esta periodista que ocupará el trono español.

A casi un mes del anuncio del compromiso y aunque sólo se oían halagos, las encuestas daban casi la vuelta y los que antes apoyaban la elección de una chica normal como futura Reina de España, empiezan a mostrar su descontento. Eran previsibles ciertos brotes de republicanismo. Ya los denunciaba el periodista **Jaime Peñafiel**, cuando Don Felipe de Borbón acompañaba a Eva Sannum y también dejó claro que él no era un cortesano cuando dio la noticia del compromiso, un día antes que el comunicado oficial:

«En la profesión periodística, a la que pertenezco y pertenecía la futura Reina de España, Letizia Ortiz, y también en la policía, los confidentes, las fuentes, aunque sea una pequeña charquita, y las gargantas profundas, aunque sean anónimas, son fundamentales para estar bien informados. Cierto es que, a veces, esas informaciones hay que recibirlas con todas las reservas, comprobarlas hasta donde se pueda, y publicarlas, cuando se duda, como rumor; antesala de la noticia, dicen muchos. La pasada semana, mi garganta profunda particular me hizo llegar, vía teléfono, una sorprendente confidencia: "Está a punto de anunciarse el compromiso matrimonial del Príncipe, con una española profesional. No te puedo decir más."».

Cuenta el popular periodista que los monárquicos están entre la espada y la pared por el acontecer trepidante. Se pide la mano cinco días después de que se anunciara el compromiso. No hubo tiempo para la crítica. Las fotos de Doña Letizia aparecían grapadas al elogio. Aunque, como señaló Peñafiel, un acontecimiento de este tipo sube el volumen de la voz contraria.

Pero el republicanismo no alzó la voz, o lo hizo en tono cariñoso, como **Joaquín Sabina.** Alabó a la joven novia en *ripiado de palacio.* Dice cosas como estas:

«De corazón te lo digo, no hay ningún amigo que no te quiera querer y eso que somos tan rojos que quemamos los rastrojos del fuego que pudo ser», llega a aconsejarle, *«cristínate, elénate, Leti, urdangarínate, pero sin marichalarte».*

Sabina apuntó con sus versos a una presentadora de telediario, no a una futura reina.

La petición de mano, fue quizá el detonante de las primeras críticas del pueblo español que recogió entre otros, **Federico Jiménez Losantos:**

«La extravagante ceremonia fotoperiodística que sucedió a la petición de mano de Letizia Ortiz como futura Princesa de Asturias ha provocado o ha servido de excusa para que muchos medios duden acerca de la idoneidad de la elegida por el corazón del Heredero de la Corona. Sin embargo, en el caso de que el corazón tenga responsabilidad en sus elecciones, cosa difícilmente argumentable por la propia naturaleza de la víscera cordial, no parece justo que se cargue en la exclusiva responsabilidad de Letizia Ortiz un comportamiento no sólo desusado en cualquier otra ceremonia similar en España o cualquier monarquía del mismo género constitucional, sino en cualquier acto público donde participen los Reyes, cuya desolada expresión en no pocos momentos del acto era simple trasunto de su desairada situación en ciertos trances realmente inconcebibles en una Casa Real con la tradición protocolaria y las responsabilidades organizativas que viene asumiendo desde hace un cuarto de siglo.

Por decirlo rápidamente, lo que falló estrepitosamente en ese acto ante centenares de periodistas que lo transmitieron a millones de personas de todo el mundo, pero fundamentalmente a todos los españoles, no fue la prometida del Príncipe, aunque su comportamiento, a fuerza de espontáneo, resultara verdaderamente extravagante en algunos momentos. Lo asombroso es que se permita esa espontaneidad irreflexiva a una persona sin la menor noción del protocolo, del previsible comportamiento y de las razonables costumbres que deben significar públicamente a la futura Reina de España. Es increíble que entre la Casa del Rey y la Casa del Prínci-

pe —si en este caso caben distingos— no fueran capaces de haber coordinado un mínimo programa del acto. Es bochornoso que los Reyes estuvieran esperando durante minutos en la parte de atrás del patio de El Pardo mientras el Príncipe y su prometida parloteaban incansablemente con los periodistas sin que nadie les advirtiera del desaire involuntario que les infligían».

Hubo quien reivindicó a Isabel Sartorius, la primera novia del Príncipe, mujer discreta y aristócrata con una educación y modos que la hacían perfecta a los ojos de la mayoría de los españoles. Pero tampoco ella se libró de las críticas más canallas: el hecho de que fuera hija de padres divorciados y nuevamente casados, fue su sentencia de muerte. Tras la ruptura ella pasó por una relación fracasada de la que tiene una hija, Mencía.

«Dicen que la Reina frustró la boda con Isabel Sartorius, porque aquella no era ni la mujer, ni la familia adecuada para el futuro Rey de España», escribió **Jesús Cacho**, *«ahora muchos echan de menos a Isabel Sartorius».*

En cambio, **Pilar Urbano** se fijó en el amor de Doña Letizia y asegura que la presentadora de televisión quería al Príncipe con trono o sin trono. Aunque ella, biógrafa oficial de la Reina, sabía mejor que nadie que la elección de Don Felipe había hecho tambarlear los cimientos del Palacio de la Zarzuela. La periodista y escritora desveló en un artículo que el Príncipe había amenazado con renunciar a sus derechos sucesorios con las siguientes palabras: *«Esto es lo que hay, o esto, o lo dejo todo».*

Pero la futura Princesa de Asturias también estaba dispuesta a dejarlo todo por el amor de su «chico» y el Trono. Abandonaría su brillante carrera periodística, algo muy importante para una chica de la clase media acunada en la vocación familiar.

Un reconocido hispanista y catedrático norteamericano de Historia del Arte, **Jonathan Brown**, afirma que cuando pase la primera tormenta informativa, el público valorará a Doña Letizia por su calidad humana.

Uno de los escritores más prestigiosos, **Francisco Umbral,** afirma que *«el Príncipe ha dado un golpe de Estado con su decisión, que es uno de los hitos de la modernización de España que empezó hace 25 años o más»*. En un artículo titulado *Don Felipe o la normalidad,* Umbral explica que el Príncipe Felipe ha elegido una nueva española, progre y democrática, una punta de modernidad que se infiltra en La Zarzuela. En términos similares se expresaba **César Alonso de los Ríos** en su columna *Más que un cuento de hadas,* en la que escribe *«El acercamiento de la Monarquía al común es un desafío sin precedentes y por lo mismo histórico. Tiene la virtud innegable de hacer pasar a la Monarquía del espectáculo a la vida»*.

La idea de modernidad gravita sobre las mentes de los grandes periodistas. **Jaime Campmany** se mostró entusiasmado con la elección del Príncipe Don Felipe y escribió:

«Esta será una monarquía nueva y las dos experiencias republicanas no invitan a una repetición de los ensayos» –y añade–, *«Es natural ahora que Letizia llene de alegría la ya granada juventud del Príncipe. Letizia es el nombre de una diosa que concede no sólo el don de la alegría, sino también los dones de la fertilidad y de la abundancia»*.

Pero **Jesús Cacho**, será uno de los pocos periodistas que cuestione el concepto de la modernidad en referencia a la Monarquía:

«¿Modernidad? Los propios nobles, tan pagados de sus títulos y tradiciones, empiezan a pensar en la Monarquía como una antigualla. Una chica de clase media más bien baja, una periodista sin especial pedigrí, en realidad sin ningún pedigrí en la profesión. El periodismo arruinó mi aventura de Eva Sannun. Y bien, parece haberse dicho el Príncipe: sea el periodismo quien cargue con la cuenta del futuro de la Dinastía».

También **Alfonso Ussía** se manifestaba en las páginas del diario *Abc:*

«El Príncipe ha elegido y los Reyes han aprobado su elección. La ciudadanía, en esta ocasión, ha reaccionado con alegría. Nada tiene que ver este caso con el anterior. Hace dos años el Príncipe decía "sí" y la calle le repetía "nö". Ahora la calle se ha puesto a su lado, casi unánimemente. Una buena parte del casi no lo ha hecho formar parte de un sector de la sociedad excesivamente obsesionado con los ayeres».

Por si acaso, la Iglesia ha forzado el único control preventivo, incluso ya ha reclamado a Doña Letizia un «trámite especial» para garantizar la seriedad de su compromiso con el Príncipe de Asturias, según palabras de D. **Federico R. Aznar**, Decano de Derecho Canónigo de la Universidad Pontificia de Salamanca.

A esto respondió la periodista **María Teresa Campos** que Doña Letizia Ortiz tenía derecho a ser agnóstica, en un Estado aconfesional y que no vería mal que el matrimonio real se celebrara sólo por lo civil, como tantos miles de parejas, si llegara el caso. Y es que, sin duda, el principal escollo al que se enfrentan de cara a la aceptación de la sociedad española es precisamente el hecho de que Letizia contrajera un matrimonio civil con anterioridad.

Desde el diario *El País*, **Fernando Vallespín,** se hacía eco de la tradición y modernidad que manifiesta una monarquía como la española,

«Con todo, afirma, uno no deja de sentir cierta lástima por todas esas pobres princesas e hijas de la alta nobleza, que han sido tan cuidadosas y esmeradamente educadas para casar con los miembros de las casas reales. Tiempos y esfuerzos perdidos. Para ellas ya sí que ha pasado su papel histórico. Al menos les queda la prensa del corazón».

El revuelo que ocasionó Eva Sannum todavía envía sus ecos. Entonces el que fuera Jefe de la Casa del Rey, **Sabino Fernández Campos,** salía al paso de voces críticas afirmado que el Príncipe sabría resolver la cuestión perfectamente, aunque era consciente que el amor de Don Felipe por la modelo noruega había causado un gran daño a la Institución, un daño casi irreparable. Más que una mano, le tendía una recomendación. Tuvo contestación entonces, porque no todos veían honestidad en el rechazo popular a la chica noruega.

Joaquín Leguina se hundió ciénagas jurídicas para decir que *«El ataque frontal y puesta en plaza pública de aquella relación han acabado por arruinarla»*. Añade que, de ser cierto este supuesto, es una desgracia para nuestro país, que queremos moderno y democrático.

En esta ocasión ni Sabino Fernández Campos ni Leguina se han manifestado. Sí lo hizo **Javier Pradera**, ideólogo del grupo PRISA. Afirmó que *«Una monarquía parlamentaria del siglo XXI no puede utilizar criterios de idoneidad matrimoniales reñidos con los derechos fundamentales»*.

El debate se esfuma ante declaraciones tan categóricas. Incluso los grandes monárquicos, como **José Luis de Vilallonga**, que otrora fue una de las voces más enérgicas en la condena del noviazgo del Príncipe con Eva Sannum, han optado por guardar silencio. No es el único que no habla, prestigiosos columnistas han decidido en rebeldía no *«escribir ni una sola línea sobre este asunto»*.

El articulista Ignacio Camacho habla desde las páginas de Abc y reflexiona sobre el silencio de los monárquicos:

«Estos días de debates, cuchicheos y rumores, mirad a losmonárquicos. No les preguntéis nada; solo fijaros en sus ojos, en sus gestos, en sus expresiones cuando se habla del tema. ....Escuchad el silencio elocuente de la clase, dela alta burguesía, de los restos de la Aristocracia, de los círculos de influencia social y contrastarlo con el alegrecotielleo de la calle, con las charlas de las barras de bar, con el frufrú rosa de las peluquerías y de los supermercados, con el alborozo trivial de los programas de la tele...No harán público su disgusto ni admitirán su revés ante el viento dela Historia. Llegado el momento, inclinarán la cabeza con una fidelidad desprovista de desencanto. Respetemos su silencio como homenaje a su sacrificio ante el impulso renovador de una Historia que no les ha hecho justicia. Y démosles las gracias por hacerlo con tan discreto señorío».

Probablemente el resto de monárquicos sigan estas directrices, pero a Doña Letizia le abruma- como ha confesado- *que se fijan en todo lo que hace.*